SLAVOJ ŽIŽEK

BLASPHEMISCHE GEDANKEN

Das Buch

Woher rührt der Hass der Islamisten gegen den Westen? Und was verdrängt der Islam in Wahrheit, wenn er das Weibliche unterdrückt? Slavoj Žižek bietet hierzu gewagte Thesen: Er zeigt, dass der Konflikt zwischen tolerantem Liberalismus und religiösem Fundamentalismus nicht nur dem Gegensatz zwischen westlichem Wohlstand und dem Bedürfnis nach religiöser Transzendenz entspringt, sondern dass der Fundamentalist dabei auch sein Unterlegenheitsgefühl bekämpft sowie seinen eigenen Hedonismus, den er sich nicht zugesteht, während die Islamisten ihr Mantra der religiösen Disziplin durch die Gewaltexzesse konterkarieren, die sie im Namen ihrer Religion begehen. Doch wieso verachtet der Islamismus das liberale Konzept, andere nicht durch Zwang, sondern durch Argumente zu überzeugen? Weil er jede Form der Verführung fürchtet – die geistige wie auch jene durch die Frau, die er unterdrückt und zur Unkenntlichkeit verschleiert. Der Grund dafür geht weit über das Sexuelle hinaus: Die Frau, nicht der Mann, ist im Islam das ursprüngliche Bindeglied zur göttlichen Wahrheit – und kann diese Wahrheit und den ganzen Glauben ins Wanken bringen.

Der Westen muss auf seinen universellen Werten bestehen. Allerdings ist nicht der tolerante, aber kraftlose Liberalismus, sondern die säkulare Linke die einzige Kraft, die wir dem islamistischen Fundamentalismus entgegensetzen können.

Der Autor

Slavoj Žižek, geboren 1949 in Ljubljana, ist Philosoph, Kulturkritiker und Theoretiker der Psychoanalyse. Er hat zahlreiche Gastprofessuren im Ausland inne, unter anderem an der Columbia University und in Princeton. Bekannt geworden ist er durch die Weiterentwicklung der Psychoanalyse Lacans ins Feld der Populärkultur und Gesellschaftskritik. Zudem setzt er sich mit Hegel und Marx, Poststrukturalismus, Medientheorie, Feminismus und Cultural Studies auseinander. Er zählt zu den wichtigsten Denkern unserer Zeit.

SLAVOJ ŽIŽEK

BLASPHEMISCHE GEDANKEN

ISLAM UND MODERNE

Aus dem Englischen
von Michael Adrian

Ullstein

Der Originaltitel des Textes lautet *Islam and Modernity: Some Blasphemic Reflexions.*

ISBN 978-3-550-08116-3

Umschlaggestaltung: Sabine Wimmer, Berlin
Umschlagfoto: getty images/Matt Can/Kontribution
Gesetzt aus der Adobe Garamond
Satz: LVD GmbH, Berlin
Druck und Bindearbeiten: CPI books GmbH, Leck
Printed in Germany

Inhalt

Einleitung

Jetzt, nach dem Schock über das Gemetzel in der Redaktion von *Charlie Hebdo*, ist der Moment gekommen, um Mut zum Nachdenken zu finden. Jetzt und nicht später, wenn sich die Dinge legen, wie uns die Freunde billiger Weisheiten zu überzeugen suchen. Die Herausforderung besteht genau darin, den Akt des Denkens mit der Hitze des Augenblicks in Einklang zu bringen. In der Kälte des Danach zu reflektieren führt nicht zu einer ausgewogeneren Wahrheit, sondern normalisiert die Situation und erlaubt uns, der Schneide der Wahrheit auszuweichen.

Denken heißt, über das Pathos der allgemeinen Solidarität hinauszugehen, das in den Tagen nach den Attentaten explodierte und in dem Spektakel vom 11. Januar 2015 seinen Höhepunkt fand. An jenem Sonntag hielten politische Größen aus der ganzen Welt miteinander Händchen, von David Cameron bis Sergei Lawrow, von Benjamin Netanjahu bis Mahmud Abbas. Wenn es je ein Bild der Heuchelei gab, dann dieses.

Als die Pariser Prozession unter seinem Fenster vorbeizog, ließ ein unbekannter Bürger Ludwig van Beethovens »Ode an die Freude« aus seinen Lautsprechern erschallen, die inoffizielle Hymne der Europäischen Union, was ein wenig politischen Kitsch über das abstoßende Spektakel goss, Wladimir Putin, Netanjahu & Co beim Turteln zu erleben – genau die Oberhäupter also, die für den Schlamassel verantwortlich sind, in dem wir stecken. Obwohl ich ein ausgemachter Atheist bin, glaube ich, dass das selbst Gott zu viel war und er sich daher genötigt sah, mit einer Obszönität einzugreifen, die *Charlie Hebdo* alle Ehre gemacht hätte: Als Präsident François Hollande vor den Redaktionsräumen des Magazins den Arzt und *Charlie*-Kolumnisten Patrick Pelloux umarmte, erleichterte sich ein Vogel auf der präsidialen Schulter, woraufhin einige Redakteure der Zeitschrift Mühe hatten, einen Lachanfall zu unterdrücken – dies war eine wahrhaft göttliche Antwort des Realen auf das abstoßende Ritual. Und tatsächlich hätte die wahre *Charlie Hebdo*-Geste in einem Titelbild bestanden, das dieses Ereignis rabiat und geschmacklos verspottet, mit Karikaturen von Netanjahu und Abbas, Lawrow und Cameron sowie weiteren Paaren, die sich leidenschaftlich umarmen und küssen, während sie hinter ihren Rücken die Messer wetzen.

Ein Aspekt der jüngsten Ereignisse in Frankreich blieb bei alldem weitgehend unbemerkt: Nicht nur waren überall Anstecker und Poster mit der Aufschrift »Je suis Charlie« zu sehen, sondern auch welche mit »Je suis flic«! Die nationale Einheit, die auf großen öffentlichen Versammlungen gefeiert und inszeniert wurde, war nicht nur eine Einheit des Volkes, die alle ethnischen Gruppen, Klassen und Religionen einbezog, sondern auch (und vielleicht vor allem) die Vereinigung der Menschen mit den Ordnungs- und Kontrollkräften.

Frankreich war (soweit ich weiß) bislang das einzige westliche Land, in dem Polizisten unentwegt als Zielscheibe grober Witze herhalten mussten, in denen sie grundsätzlich als dumm und korrupt dastanden – so wie es früher in den exkommunistischen Ländern gang und gäbe war. Heute, nach den *Charlie*-Morden, wird die Polizei beklatscht, gepriesen und als beschützende Mutter umarmt – und nicht nur die Polizei, sondern auch die Sondereinsatzkräfte (1968 skandierte man noch »CRS SS«, wenn es um die Compagnies Républicaines de Sécurité ging), die Geheimdienste, der ganze Sicherheitsstaatsapparat. In diesem neuen Universum ist kein Platz für Edward Snowden oder Chelsea Manning – oder, um es mit Jacques-Alain Miller zu sagen: »Das Ressentiment gegen die Polizei ist auch nicht mehr das, was es einmal war, außer unter den armen Jugendlichen arabischer oder afrikanischer Herkunft. So etwas hat man in der Geschichte Frankreichs noch nicht gesehen.« Was man in Frankreich wie auch sonst überall in seltenen, privilegierten Momenten sehen kann, ist die ekstatische »Osmose einer Bevölkerung mit der nationalen Armee, die sie vor äußeren Bedrohungen schützt. Aber Liebe einer Bevölkerung zu den Kräften der inneren Repression?«[1]

Die terroristische Bedrohung hat also das Unmögliche möglich gemacht: Sie hat eine Versöhnung der revolutionären Achtundsechziger-Generation mit ihrem Erzfeind bewirkt, was einer französischen populären Version des amerikanischen Patriot Act gleicht, die unter öffentlichem Applaus stattfand und bei der sich die Leute selbst der Überwachung anboten. Wie konnte es so weit kommen?

I. Der Islam als Lebensform

Die ekstatischen Momente der Pariser Kundgebungen sind natürlich ein Triumph der Ideologie: Sie vereinen das Volk gegen einen Feind, dessen faszinierende Präsenz vorübergehend alle Gegensätze verwischt. Damit stellt sich die Frage: Was verschleiern sie? Was sollen sie verschleiern?

Natürlich sollten wir die Pariser Morde unmissverständlich als Angriff auf den Kern unserer Freiheiten verurteilen, und zwar ohne stillschweigende Vorbehalte von der Art: »Aber provokant war *Charlie* schon, das Blatt hat die Muslime zu sehr gedemütigt.« Auch sollten wir uns gegen alle ähnlichen Verweise auf die mildernden Umstände eines größeren Kontextes verwahren. Die angreifenden Brüder waren tief betroffen von den Schrecknissen der amerikanischen Besetzung des Irak – meinetwegen, aber warum griffen sie dann keine Einrichtung des US-Militärs an, sondern ein französisches Satireblatt? Muslime im Westen sind de facto eine nur notdürftig tolerierte und ausgebeutete Minderheit – aber schwarze Amerikaner sind all das in viel stärkerem Maße und begehen trotzdem keine Attentate und Morde. Und so weiter. Das Problem mit einer solchen Beschwörung des komplexen Hintergrunds ist, dass sie auch in Bezug auf Hitler sehr gut funktioniert. Dem gelang es schließlich, die Ungerechtigkeit des Versailler Vertrags für seine Zwecke zu nutzen. Doch war es nichtsdestotrotz vollkommen gerechtfertigt, das Naziregime mit allen verfügbaren Mitteln zu bekämpfen. Es geht eben nicht darum, ob die Missstände, die Terrorattentaten zugrunde liegen, real sind oder nicht, sondern um das politisch-ideologische Projekt, das sich in Reaktion auf Ungerechtigkeiten herauskristallisiert.

All dies ist nicht genug – wir sollten weiterdenken, und ein solches Weiterdenken hat nicht das Geringste mit einer billigen Relativierung des Verbrechens zu tun, wie es das bekannte Mantra will: »Wer sind wir denn im Westen, die wir schreckliche Massaker in der Dritten Welt verübt haben, dass wir solche Taten verurteilen?« Und es hat noch weniger zu tun mit der pathologischen Angst vieler westlicher Linksliberaler davor, sich der Islamophobie schuldig zu machen. Diese falschen Linken brandmarken jede Kritik am Islam als Ausdruck westlicher Islamophobie, so wie sie Salman Rushdie beschuldigten, die Muslime unnötig provoziert zu haben und damit für die Fatwa, mit der er zum Tode verurteilt wurde, selbst (zumindest mit-) verantwortlich zu sein.

Die Folge einer solchen Haltung ist genau die, die man in solchen Fällen erwarten kann: Je mehr die westlichen Linksliberalen ihrer eigenen Schuld nachspüren, desto massiver werden sie von muslimischen Fundamentalisten als Heuchler bezichtigt, die ihren Hass auf den Islam zu verbergen suchten. Diese Konstellation reproduziert exakt das Paradox des Über-Ich: Je mehr man sich dem fügt, was der Andere von einem will, desto schuldiger wird man. Je mehr man den Islam toleriert, desto stärker scheint der Druck zu werden, den er auf einen ausübt …

Aufrufe zur Mäßigung, wie etwa den von Simon Jenkins im *Guardian* vom 7. Januar 2015, finde ich deshalb ungenügend. Für Jenkins besteht unsere Pflicht darin, »nicht überzureagieren, die Nachwirkungen [der Anschläge] publizistisch nicht überzuorchestrieren. Sie besteht darin, jeden Vorfall als ein vorübergehendes grauenerregendes Desaster zu behandeln.« Doch das Attentat auf *Charlie Hebdo* war kein bloßes »vorübergehendes grauenerregendes Desaster«. Es folgte einem genauen religiösen und politischen Programm und war insofern eindeutig Teil eines größeren Musters. Natürlich sollten wir nicht überreagieren, wenn damit gemeint ist, in blinde Islamophobie zu verfallen. Das besagte Muster aber müssen wir schonungslos analysieren.

Viel wichtiger, überzeugender und effektiver als die Dämonisierung der Terroristen zu heroischen Selbstmordfanatikern ist die Entlarvung dieses dämonischen Mythos. Vor langer Zeit glaubte Friedrich Nietzsche, die westliche Kultur bewege sich auf den »letzten Menschen« zu, ein apathisches Geschöpf ohne große Leidenschaften oder Verpflichtungen. Unfähig zu träumen, des Lebens überdrüssig, gehe dieses Wesen kein Risiko ein und suche allein Bequemlichkeit und Sicherheit, als einen Inbegriff von wechselseitiger Toleranz: »Ein wenig Gift ab und zu: das macht angenehme Träume. Und viel Gift zuletzt, zu einem angenehmen Sterben. [...] Man hat sein Lüstchen für den Tag und sein Lüstchen für die Nacht: aber man ehrt die Gesundheit. ›Wir haben das Glück erfunden‹ – sagen die letzten Menschen und blinzeln.«[2]

Es könnte im Grunde so scheinen, als entspräche der Riss zwischen der toleranten Ersten Welt und der fundamentalistischen Reaktion auf sie immer mehr dem Gegensatz zwischen einem langen und befriedigenden Leben voll materieller und kultureller Reichtümer auf der einen Seite und einem Leben mit einem höheren, transzendentalen Ziel auf der anderen. Ist dieser Gegensatz nicht der zwischen einem »passiven« und einem »aktiven« Nihilismus, wie Nietzsche es nannte? Wir im Westen sind Nietzsches letzter Mensch, ganz unseren albernen alltäglichen Vergnügungen hingegeben, während die muslimischen Radikalen bereit sind, alles zu riskieren und sich bis zur Selbstzerstörung in den Kampf zu werfen. William Butler Yeats' Gedicht *Die Wiederkunft* scheint unsere Lage auf den Punkt zu bringen:

> Die Besten sind des Zweifels voll, die Schlimmsten
> von der Kraft der Leidenschaft erfüllt.

Das liest sich wie eine exzellente Beschreibung der gegenwärtigen Kluft zwischen saftlosen Liberalen und leidenschaftlichen Fundamentalisten. »Die Besten« sind nicht mehr dazu fähig, sich mit ganzem Herzen zu engagieren, während sich »die Schlimmsten« in rassistischem, religiösem, sexistischem Fanatismus ergehen.

Nur: Trifft diese Beschreibung wirklich auf die terroristischen Fundamentalisten zu? Offensichtlich fehlt ihnen doch etwas, das sich an allen authentischen Fundamentalisten mühelos beobachten lässt, ob an tibetischen Buddhisten oder den Amish in den Vereinigten Staaten: nämlich die Abwesenheit von Ressentiment und Neid, die tiefe Gleichgültigkeit gegenüber der Lebensart der Ungläubigen. Würden die heutigen sogenannten Fundamentalisten wirklich glauben, sie hätten ihren Weg zur Wahrheit gefunden, warum sollten sie sich dann durch Nichtgläubige bedroht fühlen? Warum sollten sie sie beneiden? Wenn ein Buddhist auf einen westlichen Hedonisten trifft, verurteilt er ihn kaum; vielmehr stellt er wohlwollend fest, dass die Glückssuche des Hedonisten zum Scheitern verurteilt ist. Im Unterschied zu wahren Fundamentalisten sind die terroristischen Pseudofundamentalisten vom sündigen Leben der Ungläubigen zutiefst umgetrieben, fasziniert, bezaubert. Man spürt, wie sie ihre eigene Versuchung bekämpfen, wenn sie den sündigen anderen bekämpfen.

An diesem Punkt greift Yeats' Diagnose für unsere gegenwärtige Misere zu kurz: Die »Kraft der Leidenschaft« der Terroristen verrät in Wirklichkeit einen Mangel an echter Überzeugung. Wie anfällig muss der Glaube eines Muslims sein, der sich von einer dummen Karikatur in einer satirischen Zeitung bedroht fühlt?

Der fundamentalistische islamische Terror wurzelt nicht darin, dass die Terroristen von ihrer eigenen Überlegenheit überzeugt wären und versuchten, ihre kulturell-religiöse Identität vor der Überwältigung durch eine globale Konsumgesellschaft zu schützen. Das Problem mit den Fundamentalisten besteht nicht darin, dass wir glauben, sie seien uns unterlegen, sondern darin, dass sie sich insgeheim selbst für unterlegen halten. Deshalb macht sie unsere herablassende, politisch korrekte Zusicherung, wir hegten ihnen gegenüber keinerlei Überlegenheitsgefühle, nur noch wütender und ressentimentgeladener. Das Problem liegt nicht in der kulturellen Differenz (und dem Versuch, ihre Identität zu bewahren), sondern, ganz im Gegenteil, in der Tatsache, dass die Fundamentalisten bereits so sind wie wir – dass sie unsere Standards insgeheim bereits verinnerlicht haben und sich an ihnen messen. Was den muslimischen Fundamentalisten paradoxerweise wirklich fehlt, ist gerade eine Dosis jener wahren »rassistischen« Überzeugung von der eigenen Überlegenheit.

Die jüngsten Wandlungen des muslimischen Fundamentalismus bestätigen Walter Benjamins alte Einsicht, dass jeder Aufstieg des Faschismus von einer gescheiterten Revolution zeugt: Der Aufstieg des Faschismus ist das Versagen der Linken, zugleich ist er aber auch ein Beweis dafür, dass es ein revolutionäres Potential gab: dass eine Unzufriedenheit mit den Verhältnissen wirklich existierte, die Linke diese jedoch nicht zu mobilisieren verstand. Gilt dasselbe nicht für den heutigen sogenannten »Islamfaschismus«? Steht der Aufstieg des radikalen Islamismus nicht in genauer Wechselwirkung mit dem Verschwinden der säkularen Linken in den muslimischen Ländern? Als die Taliban im Frühjahr 2009 das Swat-Tal in Pakistan unter ihre Kontrolle brachten, hieß es in der *New York Times*, sie zettelten »eine Klassenrevolte an, die sich die tiefe Kluft zwischen einer kleinen Gruppe reicher Grundherren und ihren landlosen Pächtern zunutze macht«. Wenn die Taliban jedoch »angesichts der Risiken für Pakistan, das im Wesentlichen noch ein Feudalstaat ist«, die westlichen Alarmglocken klingeln lassen, indem sie die Notlage der Bauern »ausnützen«,[3] was hindert dann eigentlich die liberalen Demokraten in Pakistan und den Vereinigten Staaten daran, diese Notlage ebenfalls »auszunützen« und den landlosen Bauern zu helfen? Die traurige Antwort auf diese Frage besteht in der Tatsache, dass die feudalen Kräfte in Pakistan die »natürlichen Verbündeten« der liberalen Demokratie sind.

Wie ist es also um die elementaren Werte des Liberalismus: Freiheit, Gleichheit und so weiter bestellt? Das Paradox ist, dass der Liberalismus selbst nicht stark genug ist, um sie vor den fundamentalistischen Angriffen zu schützen. Der Fundamentalismus ist eine Reaktion – eine falsche, mystifizierende Reaktion natürlich – auf einen echten Mangel des Liberalismus, und deshalb wird der Fundamentalismus immer wieder aufs Neue vom Liberalismus hervorgebracht. Ganz sich selbst überlassen, würde sich der Liberalismus also nach und nach selbst unterminieren. Einzig eine erneuerte Linke vermag seine zentralen Werte zu retten. Damit diese bedeutende Errungenschaft überlebt, ist der Liberalismus auf die brüderliche Hilfe der radikalen Linken angewiesen. Dies ist der einzige Weg, den Fundamentalismus zu besiegen – indem man ihm die Grundlage entzieht.

Nachdenken anlässlich der Pariser Morde heißt, die arrogante Selbstgefälligkeit des toleranten Liberalen abzulegen und zu akzeptieren, dass der Konflikt zwischen liberaler Toleranz und Fundamentalismus letztlich *kein echter* Konflikt ist. Es ist vielmehr ein Teufelskreis zweier Extreme, die sich gegenseitig hervorbringen und voraussetzen. Was Max Horkheimer schon in den 1930er Jahren über Faschismus und Kapitalismus sagte – dass diejenigen, die nicht kritisch über den Kapitalismus reden wollen, auch über den Faschismus schweigen sollten –, gilt ebenso für den heutigen Fundamentalismus: Wer nicht kritisch über die liberale Demokratie sprechen will, der soll auch über den religiösen Fundamentalismus schweigen.

Vor diesem Hintergrund sollten wir uns mit der Frage beschäftigen: Sind die muslimischen Fundamentalisten ein vormodernes oder ein modernes Phänomen?

Fragt man russische Antikommunisten danach, welche Tradition die Schrecken des Stalinismus verschuldet hat, bekommt man zwei gegensätzliche Antworten. Die einen betrachten den Stalinismus (und den Bolschewismus im Allgemeinen) als ein Kapitel in der langen Geschichte der westlichen Modernisierung Russlands – einer Tradition, die mit Peter dem Großen, wenn nicht schon mit Iwan dem Schrecklichen begann. Die anderen sehen die Schuld in der russischen Rückständigkeit, in der Tradition des orientalischen Despotismus, die dort so lange vorherrschte. Während für die erste Gruppe die westlichen Modernisierer das organische Leben des traditionellen Russlands brutal unterpflügten und durch den Staatsterror ersetzten, bestand die Tragödie Russlands für die zweite Gruppe darin, dass sich die sozialistische Revolution zur falschen Zeit am falschen Ort ereignete: in einem rückständigen Land ohne demokratische Tradition. Verhält es sich mit dem muslimischen Fundamentalismus, der seinen (bislang) extremsten Ausdruck im Islamischen Staat (IS) fand, nicht ähnlich?

Es ist zu einem Gemeinplatz geworden, den Aufstieg des IS als jüngstes Kapitel in der langen Geschichte des antikolonialen Wiedererwachens zu bezeichnen, in dessen Rahmen die von den Großmächten nach dem Ersten Weltkrieg willkürlich festgelegten Grenzen neu gezogen werden. Zugleich sei er aber auch ein Kapitel im Kampf gegen die Aushöhlung der nationalstaatlichen Macht durch das globale Kapital. Was aber solche Angst und Fassungslosigkeit auslöst, ist eine weitere Eigenheit des IS-Regimes: Die öffentlichen Verkündungen seiner Führer machen deutlich, dass die wichtigste Aufgabe staatlicher Macht für sie nicht darin besteht, das Gemeinwohl zu regeln (Gesundheit, Kampf gegen den Hunger) – nein, was wirklich zählt für sie, ist das religiöse Leben, also sicherzustellen, dass das gesamte öffentliche Leben religiösen Gesetzen gehorcht. Deshalb verhält sich der Islamische Staat gegenüber humanitären Katastrophen in seinem Herrschaftsbereich mehr oder weniger gleichgültig. Sein Motto lautet: »Kümmere dich um die Religion, und das Gemeinwohl kommt von selbst.« Hier liegt die Kluft, die das von der IS-Gruppe praktizierte Machtverständnis von der modernen westlichen Vorstellung der sogenannten »Biomacht« trennt: Das Kalifat des IS lehnt den Gedanken der Biomacht strikt ab.

Heißt dies, dass der Islamische Staat schlichtweg vormodern ist? Ein verzweifelter Versuch, die Uhr des historischen Fortschritts zurückzudrehen? Die Ironie, die sich aus dieser Frage ergibt, besteht darin, dass man, auch wenn die muslimischen Fundamentalisten den falschen Weg des Westens üblicherweise an der Säkularisierung der Gesellschaft festmachen (wie sie durch die Französische Revolution verkörpert wird), mit Blick auf die Organisationsform des IS genauso gut das Gegenteil behaupten kann: »Die Dschihadisten von ISIS sind gar nicht mittelalterlich; sie sind vielmehr von der modernen westlichen Philosophie geprägt. Wir sollten uns an das revolutionäre Frankreich halten, wenn wir den Ursprung der Ideologie und der Gewalt des Islamischen Staates verstehen wollen.« Für den indisch-pakistanischen Denker Sayyid Abul Ala Maududi, der den heutigen Begriff des Islamischen Staates geprägt hat, eröffnete die Französische Revolution »die Aussicht auf einen ›Staat, der auf einer Reihe von Prinzipien beruht‹ statt auf einer Nation oder einem Volk. Maududi sah dieses Potential in Frankreich verkümmern; seine Erfüllung würde auf einen Islamischen Staat warten müssen. Im revolutionären Frankreich ist es der Staat, der seine Bürger hervorbringt – nichts darf zwischen dem Staatsbürger und dem Staat stehen. [...] Dieser universelle, von jeder Gemeinschaft, Nation oder Geschichte abgelöste Staatsbürger liegt Maududis Vision der ›Bürgerschaft im Islam‹ zugrunde. [...] Wenn ISIS' Staat zutiefst modern ist, so ist es auch seine Gewalt. Die ISIS-Kämpfer töten nicht einfach; sie wollen erniedrigen, wie wir vergangene Woche sahen, als sie syrische Reservisten in Unterwäsche ihrem Tod entgegentrieben.«[4]

Obwohl dieser Kommentar ein Körnchen Wahrheit enthält, ist seine Grundthese höchst problematisch. Sie kommt der politisch korrekten Selbstbezichtigung des Westens viel zu nahe, im Sinne von: »Wenn etwas Schreckliches in der Dritten Welt geschieht, dann muss es auf irgendeine Weise eine Folge des (Neo-)Kolonialismus sein ...« Aber nicht nur das – die Parallele zwischen dem Islamischen Staat und der Französischen Revolution ist auch eine rein formale, so wie die Parallele zwischen Nazismus und Stalinismus als zwei Varianten ein und desselben »Totalitarismus«. Der Verweis auf ein ähnliches Repertoire an extremen Unterdrückungsmaßnahmen verschleiert nicht nur einen unterschiedlichen sozialen und ideologischen Gehalt, sondern auch die verschiedenen Funktionsweisen der Unterdrückungsmaßnahmen selbst. So gab es beispielsweise im Nazismus nichts, das mit den stalinistischen Säuberungen vergleichbar gewesen wäre.

Das Körnchen Wahrheit jedoch besteht darin, dass das religiöse Motiv der totalen Unterordnung eines Menschen unter Gott (wie man es etwa im Islam findet) bei weitem nicht zwangsläufig eine Vision der Sklaverei und Unterwerfung stützen muss, sondern auch ein Projekt der universellen Emanzipation tragen kann. So verhält es sich in *Milestones*, einem Traktat, in dem Sayyid Qutb den Zusammenhang zwischen universeller menschlicher Freiheit und der menschlichen Knechtschaft gegenüber Gott entfaltet:

> Eine Gesellschaft, in der Souveränität ausschließlich Allahs Sache ist und ihren Ausdruck im Gehorsam gegenüber dem göttlichen Gesetz findet, und in der jeder von der Knechtschaft gegenüber anderen befreit wird – nur die schmeckt nach wahrer Freiheit. Dies allein ist eine »menschliche Zivilisation«, weil die Grundlage der menschlichen Zivilisation in der vollständigen und wahren Freiheit jeder Person und der vollen Würde jedes Individuums in der Gemeinschaft besteht. Hingegen gibt es in einer Gesellschaft, in der manche Herren sind, die Gesetze erlassen, und andere Sklaven, die ihnen gehorchen, keine Freiheit

> im echten Sinn, genauso wenig wie Würde für das Individuum. […] Einer Gesellschaft, die auf dem Konzept des Glaubens und jener Lebensform beruht, die ihren Ursprung in Allah hat, ist die Würde des Menschen im höchsten Maße unantastbar: Niemand ist der Sklave eines anderen, wie es in Gesellschaften der Fall ist, deren Konzepte, Überzeugungen und Lebensform menschlichen Ursprungs sind. In ersterer Gesellschaft finden die erhabensten Charaktereigenschaften des Menschen – sowohl in geistiger als auch in intellektueller Hinsicht – ihren vollen Ausdruck, während in einer Gesellschaft, die auf Hautfarbe, Rasse, Nationalismus oder ähnlichen Grundlagen beruht, diese zu Fesseln für das menschliche Denken werden, zu einem Mittel, um die erhabeneren menschlichen Eigenschaften und Qualitäten zu unterdrücken. Alle Menschen sind gleich, unabhängig von ihrer Hautfarbe, Rasse oder Nation, aber wenn man sie ihres Geistes und ihrer Vernunft beraubt, dann sind sie auch ihrer Menschlichkeit entkleidet. Der Mensch kann seine Überzeugungen, sein Denken, seine Lebenseinstellung ändern, nicht aber seine Hautfarbe oder Rasse, genauso wenig wie er entscheiden kann, an welchem Ort oder in welcher Nation er geboren werden soll. Es ist somit klar, dass eine Gesellschaft nur insoweit zivilisiert ist, als die menschlichen Vereinigungen auf einer Gemeinschaft der freien moralischen Entscheidung beruhen, und dass eine Gesellschaft rückständig ist, insoweit die Grundlage ihrer Vergemeinschaftung in etwas anderem als einer freien Entscheidung besteht.[5]

Qutb entwirft also eine universelle (auch soziale und ökonomische) Freiheit: die Abwesenheit jeglicher Herren. Meine Knechtschaft unter Gott garantiert mir negativ die Abweisung aller anderen (irdischen, menschlichen) Herren; oder, zugespitzt formuliert, der einzige positive Gehalt meiner Unterordnung unter Gott ist meine Ablehnung aller irdischen Herren. (Genau dieselbe Logik findet sich übrigens in Friedrich August von Hayeks Verfechtung des Marktes: »Hayek argumentiert, dass das Unheil aus der Tyrannei persönlicher Abhängigkeit erwächst – der Unterwerfung eines Menschen unter die Willkür eines anderen. Diesem Zustand der Unterordnung könne man nur entkommen, wenn sich jedes Mitglied der Gesellschaft aus freien Stücken einer abstrakten, unpersönlichen und universellen Herrschaft unterwerfe, die es selbst absolut übersteigt.«[6] Qutbs Gott nimmt somit genau dieselbe Position ein wie Hayeks Markt: Beide garantieren die persönliche Freiheit.) Man beachte jedoch das bezeichnende Fehlen eines bestimmten Terminus in der von Qutb angeführten Reihe natürlicher Eigenschaften eines menschlichen Wesens: Man kann seine Hautfarbe, Rasse oder Nation nicht verändern – *genauso wenig wie sein Geschlecht*. Warum also schließt eine freie Gesellschaft nicht die Gleichheit von Männern und Frauen ein? An solchen Details erkennen wir die unüberbrückbare Kluft, die Qutbs Projekt vom westlichen emanzipatorischen Projekt einer Gleichheit unterscheidet, die auf Volkssouveränität beruht und keine irgendwie geartete Form von Garantie durch den großen Anderen kennt.

Der Widerstand gegen den globalen Kapitalismus sollte sich nicht auf vormoderne Traditionen stützen, auf die Verteidigung ihrer je besonderen Lebensformen – aus dem einfachen Grund, dass eine solche Rückkehr zu vormodernen Traditionen unmöglich ist, weil die Globalisierung bereits die Formen des gegen sie gerichteten Widerstands beeinflusst. Wer sich im Namen von Traditionen, die von der Globalisierung bedroht werden, gegen letztere stemmt, tut dies bereits auf moderne Art und Weise, spricht bereits die Sprache der Moderne. Der Inhalt mag altertümlich sein, doch die Form ist ultramodern. Statt also den IS als einen Fall äußersten Widerstands gegen die Modernisierung zu verstehen, sollte man ihn besser als einen Fall pervertierter Modernisierung begreifen und jenen konservativen Modernisierungen zurechnen, die mit der Meiji-Restauration in Japan begannen (bei der eine rasche industrielle Modernisierung die ideologische Form der »Restauration« annahm, der Rückkehr zur vollen Autorität des Kaisers). Das bekannte Foto des IS-Führers Baghdadi mit exquisiter Schweizer Uhr am Handgelenk ist sinnbildlich hierfür: In Sachen Netzpropaganda, Finanztransaktionen und so weiter ist der Islamische Staat gut organisiert – nur dass er diese ultramodernen Praktiken dazu nutzt, eine ideologisch-politische Vision zu verbreiten und gewaltsam zu verwirklichen, die weniger konservativ ist als vielmehr ein verzweifelter Versuch, ein für allemal klare hierarchische Abgrenzungen zu schaffen. Zu den wichtigsten Bereichen, die reguliert werden sollen, gehören Religion, Bildung und Sexualität – etwa durch strikt asymmetrische Vorschriften für die beiden Geschlechter, das Verbot säkularer Bildung und dergleichen.

Wir sollten jedoch nicht übersehen, dass selbst dieses Bild einer streng disziplinierten und regulierten fundamentalistischen Organisation Mehrdeutigkeiten enthält: Wird die religiöse Unterdrückung nicht durch die Art und Weise, wie die lokalen IS-Militäreinheiten zu funktionieren scheinen, (mehr als) ausgeglichen? Während die offizielle Ideologie des Islamischen Staats über die westliche Freizügigkeit schäumt, gehören zur alltäglichen Praxis seiner Gangs komplett karnevaleske Orgien voller Gruppenvergewaltigungen,

Folter, Mord und Ausraubung der Ungläubigen. Die unerhörte Radikalität des IS besteht in der Tatsache, dass er seine Brutalität nicht maskiert, sondern offen zur Schau stellt, indem er etwa seine Enthauptungen medial inszeniert und seine sexuellen Versklavungen zugibt und rechtfertigt. Wir können eine extreme Version dieses Aspekts in der nigerianischen Bewegung Boko Haram sehen, deren Name grob und inhaltlich übersetzt bedeutet: »Westliche Bildung ist verboten« – vor allem Frauenbildung.

Wie also soll man sich die bizarre Erscheinung einer massiven soziopolitischen Bewegung erklären, deren zentraler Programmpunkt in der hierarchischen Regelung des Verhältnisses zwischen den beiden Geschlechtern besteht? Das große Rätsel lautet: Warum zielen Muslime, die zweifellos Opfer von Ausbeutung, Fremdherrschaft und anderen destruktiven und erniedrigenden Aspekten des Kolonialismus waren, in ihrem Gegenschlag gerade auf das, was (zumindest für uns) den besten Teil des westlichen Erbes ausmacht: unseren Egalitarismus und unsere persönlichen Freiheiten, einschließlich einer gesunden Dosis von Ironie und Spott gegenüber allen Autoritäten? Die offensichtliche Antwort wäre, dass sie ihr Ziel gut gewählt haben: Der liberale Westen ist deshalb so unerträglich, weil er Ausbeutung und Gewaltherrschaft nicht nur praktiziert, sondern diese brutale Realität wie zum Hohn als ihr genaues Gegenteil verkleidet, nämlich als Freiheit, Gleichheit und Demokratie.

Dies ist der Hintergrund, vor dem man sich dem heiklen Thema der vielfältigen Lebensweisen nähern sollte. Während die Staatsmacht in liberal-säkularen Gesellschaften die öffentliche Freiheit schützt und dafür auch in die Privatsphäre eingreift (zum Beispiel im Fall des Verdachts auf Kindesmissbrauch), »sind solche Eingriffe in die häusliche

Sphäre, der Übertritt in ›private‹ Bereiche, im islamischen Recht nicht erlaubt, obwohl die Angepasstheit im ›öffentlichen‹ Verhalten viel strenger sein kann«,[7] stellt Talal Asad fest. »Denn was für die Gemeinschaft zählt, ist die soziale Praxis des muslimischen Subjekts – einschließlich seiner verbalen Bekundungen – und nicht seine inneren Gedanken, wie immer sie aussehen mögen«.[8] Der Koran sagt zwar, »wer will, der glaube, und wer will, der glaube nicht« (Sure 18, 29), »dieses Recht, zu denken, was man will, schließt jedoch nicht das Recht ein, seine religiösen oder moralischen Überzeugungen mit der Absicht öffentlich zu machen, Menschen zu einem falschen Bekenntnis zu bekehren«.[9] Aus diesem Grund *»ist es Muslimen unmöglich, angesichts einer Blasphemie zu schweigen«*: Ihre Reaktion ist so leidenschaftlich, weil für sie »Blasphemie weder ›Redefreiheit‹ noch die Herausforderung durch eine neue Wahrheit ist, sondern etwas, das eine lebendige Beziehung zu zerrütten sucht«.[10]

Aus westlich-liberaler Perspektive gibt es natürlich ein Problem mit beiden Begriffen dieses Weder-noch: Was ist, wenn die Redefreiheit auch Akte umfassen soll, die eine lebendige Beziehung zerrütten können? Und was ist, wenn eine »neue Wahrheit« denselben zerstörerischen Effekt haben kann? Pflegt nicht die Welt der Wissenschaft eine traditionelle »lebendige Beziehung« zu zerstören? Was ist, wenn ein neues ethisches Bewusstsein eine bestehende lebendige Beziehung als ungerecht erscheinen lässt?

Wenn es Muslimen nicht nur *»unmöglich [ist], angesichts einer Blasphemie zu schweigen«*, sondern darüber hinaus auch unmöglich ist, untätig zu bleiben, nichts zu tun – und dieser Handlungsdruck bis zu Gewalttaten und Mord gehen kann –, dann sollten wir als Erstes diese Haltung in ihren zeitgenössischen Kontext einordnen. Gilt nicht genau dasselbe auch für christliche Abtreibungsgegner? Für sie ist es ebenfalls »unmöglich, zu schweigen«, wenn sie an die Hunderttausende Föten denken, die jedes Jahr getötet werden, ein Vorgang, der für sie einem Massaker ähnlich dem Holocaust gleicht. An diesem Punkt beginnt die wahre Toleranz: nämlich die Toleranz gegenüber dem, was wir als »unmöglich zu ertragen« (Lacans *l'impossible-à-supporter*) erfahren. Und in dieser Hinsicht gerät wiederum die linksliberale politische Korrektheit in die Nähe des religiösen Fundamentalismus, sobald sie ihre eigene Liste von Dingen aufstellt, bei denen es *unmöglich ist, zu schweigen*: unsere eigenen »Blasphemien« des (von uns als solcher verstandenen) Sexismus, Rassismus und anderer Formen der Intoleranz. Was würde beispielsweise geschehen, wenn sich irgendeine Zeitschrift offen über den Holocaust lustig machte? Es ist leicht, über die detaillierten Regelungen des muslimischen Alltagslebens zu spotten (eine Besonderheit, die die Muslime im Übrigen mit dem Judentum teilen), aber wie steht es um die politisch korrekte Liste von Anmachversuchen, die als verbale Belästigung bewertet werden? Von Witzen, die als rassistisch, sexistisch oder sogar als »speziesistisch« betrachtet werden (will heißen, man amüsiert sich zu sehr auf Kosten einer anderen Spezies)? Hier muss man den impliziten Widerspruch der linksliberalen Haltung hervorheben: Die libertäre Haltung der universellen Ironie und Spottlust, die sich über alle geistigen und politischen Autoritäten lustig macht (die Haltung, die *Charlie Hebdo* verkörpert), tendiert dazu, sich in ihr Gegenteil zu verkehren, in eine gesteigerte Empfindlichkeit für den Schmerz und die Erniedrigung des anderen.

Das Problem an dieser Stelle ist, dass die offensichtliche tolerante Lösung (wechselseitiger Respekt für die Empfindlichkeiten des anderen) ebenso offensichtlich nicht funktioniert: Genauso wie Muslime unsere blasphemischen Bilder und unseren rücksichtslosen Humor, die für uns einen Teil unserer Freiheiten ausmachen, »unmöglich zu ertragen« finden, finden auch die westlichen Liberalen viele Praktiken (zum Beispiel die Unterordnung der Frau) »unmöglich zu ertragen«, die Teil der muslimischen »lebendigen Beziehung« sind. Kurzum, zur Explosion kommt es dann, wenn die Angehörigen einer Glaubensgemeinschaft nicht einen direkten Angriff auf ihre Religion als blasphemische Verletzung und Gefahr für ihre Lebensweise empfinden, sondern *die Lebensweise einer anderen Gemeinschaft an sich* – etwa so, wie es bei den Angriffen auf Schwule und Lesben in den Niederlanden, Deutschland und Dänemark der Fall war oder für jene Franzosen und Französinnen gilt, die eine Frau in einer Burka als Angriff auf ihre französische Identität empfinden, angesichts dessen es *unmöglich ist, zu schweigen.* Die Entstehungsgründe des Liberalismus sind nicht in einem überzogenen Individualismus zu suchen, sondern in der Auseinandersetzung mit dem Problem, das entsteht, wenn zwei ethnische oder religiöse Gruppen in enger Nachbarschaft zusammenleben, aber über unvereinbare Lebensweisen verfügen.

Was das Verhältnis zwischen intimer und öffentlicher Freiheit angeht, so trifft es zu, dass Freiheit für den demokratischen Westen sozial ist: Als bloße innere Überzeugung ist sie bedeutungslos; sie muss sozialisiert werden, muss nicht nur das Recht einschließen, öffentlich seine eigenen Positionen vertreten zu dürfen, um andere zu überzeugen (zu »verführen«), sondern auch das Recht, sozial nach ihnen handeln zu können. Dies bedeutet freilich nicht, dass der westliche Liberalismus, gerade mit Blick auf die persönliche Freiheit und die persönlichen Überzeugungen, ein Ausforschen der Privatsphäre befürwortet, um dadurch eine Art totalitärer Gedankenkontrolle zu etablieren. Das Problem für den demokratischen Liberalismus besteht hier eher im Problem der Verführung: Wann bin ich wirklich frei? Und wann glaube ich, dass ich frei handle, während ich in Wirklichkeit von Bildern und Rhetorik verführt werde?

In seiner Auseinandersetzung mit dem Thema Verführung kontrastiert Asad erneut den Islam und den liberalen Westen. Der Westen verurteile die Vergewaltigung, also die äußere Gewalt, während er zugleich die Verführung nicht nur toleriere, sondern gar feiere. Im Islam aber gelte die Verführung als das größere Übel:

> In einer liberalen Gesellschaft ist eine Vergewaltigung – bei der man den Körper einer Person gegen deren Willen dem eigenen sexuellen Genuss unterwirft – ein schlimmes Verbrechen, eine Verführung – eine reine Manipulation der Wünsche einer Person – jedoch nicht. Das Erste ist eine Gewalttat, das Zweite nicht. […] In liberalen Gesellschaften ist die Verführung nicht nur erlaubt, sondern sie wird als Ausdruck individueller Freiheit positiv bewertet.[11]

Diese Ausführung ergänzt Asad um zwei weitere (implizit kritische) Bemerkungen: Erstens sei die Unterscheidung von Zwang und Verführung im »Spiel der Verführung« nicht eindeutig, da zwischen diesen beiden Extremen ein großer Spielraum bestehe; und zweitens sei die Verführung in liberalen Gesellschaften eine Schlüsselkomponente der Kommerzialisierung: »[A]ls Konsument und als Wähler ist das Individuum einer Fülle von Reizen ausgesetzt, die auf seine Gier, Eitelkeit, Eifersucht, Rachegelüste und so weiter zielen. Was unter anderen Umständen vielleicht als moralisches

Versagen beschrieben und verurteilt würde, ist hier zentral für das Funktionieren einer bestimmten Art von Wirtschaft und politischer Ordnung.«[12] Verführung sei eine Form der Manipulation, da die verführte Person ihre Autonomie einbüße: »Zu verführen heißt, jemanden dazu zu verleiten, sein innerstes Selbst für die Bilder, Klänge und Worte des Verführers zu öffnen, und den so – mit oder ohne sein Zutun oder Wissen – Verführten an ein Ziel zu führen, dass das des Verführers ist.«[13] Diese liberale »Toleranz« gegenüber der Verführung (die das liberale freie und autonome Subjekt *de facto* untergrabe und in ein passives Opfer äußerer Stimuli verwandele, sodass die liberale Freiheit in Wahrheit in der Freiheit bestehe, von anderen verführt und manipuliert zu werden) stellt Asad dann der islamischen Theologie gegenüber, in der die »Verführung Grund zu großer Sorge ist – und das nicht nur im sexuellen Kontext«.[14] Denn »die Verführung in all ihren Formen war zwangsläufig nicht nur für das Individuum gefährlich (weil sie auf einen Verlust an Selbstkontrolle hindeutete), sondern auch für die Gesellschaftsordnung (weil sie zu Gewalt und bürgerlicher Unruhe führen konnte).«[15] Die Ausnahme bildet für Asad hier die westliche liberale Marktwirtschaft, in der das ganz normale Funktionieren und die Stabilität des Systems auf komplexen Spielen ökonomischer und politischer Verführungen beruhe; die unvermeidliche Schlussfolgerung lautet dann, dass das liberale System von Natur aus pervers und korrumpiert ist, da es sich für sein normales Funktionieren auf genau die Untugenden stützen muss, die es öffentlich beklagt.

Hierzu sei als Allerestes angemerkt, dass das Thema der Verführung durch die Verlockung der Warenwelt und der politischen Manipulation zum Standardrepertoire der säkularen rationalistischen Kritik gehört. Im Unterschied zum

Islam jedoch hätte ein westlicher säkularer Rationalist die *religiöse Verführung* mit auf die Liste gesetzt: Sind denn, um Saba Mahmood zu zitieren, die »inkarnierten Praktiken«, die die »Grundlage bieten, auf der man eine gottgefällige und fromme Haltung anzunehmen lernt«, nicht auch Verführungstechniken? Und ist die »Verinnerlichung eines Modells«, in dem »man durch ein Gefühl der Intimität und Sehnsucht an eine auktoriale Figur gebunden ist«,[16] nicht auch die Folge einer Verführung? Ist die mimetische Faszination, die mitschwingt, wenn das Verhalten des Propheten nachgeahmt wird, kein Prozess der Verführung? Ganz gleich, wie unterschiedlich der Inhalt ist, ist der formale Vorgang nicht exakt gleich?

Im Extremfall, so könnte man argumentieren, ist eine Verführung schlimmer als eine Vergewaltigung: Denn wenn eine Frau – im Gegensatz zu einer sexuellen Verführung – vergewaltigt wird, dann wird ihre Seele angeblich nicht verdorben, sondern bleibt rein. Bei dieser Behauptung wären allerdings eine Menge stillschweigender Vorannahmen im Spiel. Es stellt sich nicht nur die Frage nach den psychischen Folgen einer brutalen Vergewaltigung oder nach der Gewalt der Verführung (die das Opfer brutal manipuliert), sondern auch die Frage nach der vermeintlich verführerischen Kraft der Zurschaustellung von Gewalt selbst. Außerdem muss man sich fragen, warum die Verführung *a priori* auf einen Prozess reduziert sein soll, bei dem der Verführer sein Opfer gegen dessen Willen manipuliert? Was ist, wenn das Opfer gar kein Opfer ist, sondern verführt werden möchte, ja sogar Andeutungen in diese Richtung macht? Wer verführt in einer solchen Situation eigentlich wen? Man denke an das lächerliche Verbot von Metallabsätzen für Frauen durch die Taliban – als würden selbst vollständig in Stoff gehüllte

Frauen Männer immer noch durch das klackernde Geräusch ihrer Absätze reizen …

Das Bedürfnis, Frauen verschleiert zu halten, spricht für eine *extrem sexualisierte* Welt, in der das bloße Zusammentreffen mit einer Frau eine Provokation bedeutet, der ein Mann unmöglich widerstehen kann. Die Unterdrückung muss so stark sein, weil Sex an sich so stark ist – was für eine Gesellschaft ist das, in der das Klackern metallener Absätze Männer dazu bringen kann, vor Lust zu explodieren? Kein Wunder, dass sich Sigmund Freud im Zuge der Analyse der berühmten »Signorelli«-Episode in seiner *Psychopathologie des Alltagslebens* an den muslimischen Patienten eines in Bosnien-Herzegowina tätigen Kollegen erinnert, der sagte, Sex sei das Einzige, was das Leben lebenswert mache: »Du weißt ja, *Herr*, wenn *das* nicht mehr geht, dann hat das Leben keinen Wert.«[17]

Die milde Haltung gegenüber Vergewaltigungen in muslimischen Ländern scheint somit auf der Prämisse zu beruhen, dass ein Mann, der eine Frau vergewaltigt, insgeheim von ihr dazu verführt (provoziert) wurde. Eine solche Lesart von männlichen Vergewaltigungen als Resultat weiblicher Provokation findet sich in vielen Medienberichten. Im Herbst 2006 löste Scheich Taj El-Din Hilaly, Australiens ranghöchster muslimischer Geistlicher, einen Skandal aus, als er nach der Verurteilung einer Gruppe muslimischer Männer wegen einer Gruppenvergewaltigung sagte: »Wenn man Fleisch unabgedeckt draußen auf die Straße stellt […], dann kommen die Katzen und fressen es auf. Wer trägt dann die Schuld – die Katzen oder das unabgedeckte Fleisch? Das unbedeckte Fleisch ist das Problem.« Die explosiv-skandalöse Natur dieses Vergleichs zwischen einer unverschleierten Frau und rohem, unabgedecktem Fleisch lenkte die Aufmerksamkeit von einer anderen, viel befremdlicheren Prämisse ab, die Hilalys Argument zugrundeliegt: Wenn Frauen für das sexuelle Verhalten von Männern verantwortlich gemacht werden – impliziert das dann nicht, dass Männer vollkommen hilflos sind, sobald sie sich einem (ihrem Empfinden nach) sexuellen Reiz gegenübersehen? Dass sie schlechterdings unfähig sind, diesem Reiz zu widerstehen? Dass sie von ihrem sexuellen Hunger völlig versklavt sind, gerade so wie eine Katze, die ein Stück rohes Fleisch erblickt? Im Gegensatz zu dieser Annahme eines kompletten Mangels an Verantwortung der Männer für ihr eigenes sexuelles Verhalten beruht die Akzentuierung öffentlicher weiblicher Erotik im Westen auf der Prämisse, dass Männer sehr wohl zu sexueller Zurückhaltung fähig und keineswegs blinde Sklaven ihres Geschlechtstriebs sind.

Dass im Islam die Frau die alleinige Verantwortung für den Geschlechtsverkehr trägt, bestätigen die bizarren gesetzlichen Regelungen im Iran, wo am 3. Januar 2006 eine 19-jährige Frau zum Tode durch Erhängen verurteilt wurde, nachdem sie gestanden hatte, einen von drei Männern erstochen zu haben, die sie zu vergewaltigen versucht hatten. Die junge Frau befand sich in einer ausweglosen Sackgasse, denn was wäre die Folge gewesen, wenn sie beschlossen hätte, sich nicht zu verteidigen? Hätte sie zugelassen, dass die Männer sie vergewaltigen, wäre sie nach iranischen Züchtigkeitsgesetzen zu hundert Peitschenhieben verurteilt worden; wäre sie zum Zeitpunkt der Vergewaltigung verheiratet gewesen, hätte man sie wohl des Ehebruchs für schuldig befunden und zum Tode durch Steinigen verurteilt. Was auch immer geschehen wäre, die Verantwortung lag immer bei ihr. Was also hätte sie tun sollen? Die Antwort ist einfach und klar: *Zu Hause bleiben*, nicht alleine ausgehen.

Der Unterschied, mit dem wir es hier zu tun haben, ist nicht nur einer zwischen gemeinschaftlichen Lebensstilen, sondern vor allem ein radikaler Unterschied im Hinblick darauf, wie wir uns zu unserem eigenen Lebensstil verhalten: Identifizieren wir uns substantiell mit ihm, oder nehmen wir ihn eher als kontingent wahr? Genau aufgrund dieser Frage ist auch das Thema der allgemeinen Schulpflicht so spannungsgeladen: Wenn Liberale darauf pochen, dass Kinder das Recht haben sollten, Teil ihrer spezifischen Gemeinschaft zu bleiben, aber nur unter der Bedingung, dass sie sich frei entscheiden können, dann müssten beispielsweise die Kinder der Amish, um sich wirklich frei für eine Lebensart entscheiden zu können – also für die ihrer Eltern oder die »englische« – in geeigneter Weise über sämtliche Optionen informiert und dementsprechend gebildet werden; doch die einzige Möglichkeit, dies zu tun, wäre, sie aus ihrer Eingliederung in die Gemeinschaft der Amish herauszureißen, das heißt im Grunde, sie »englisch« zu machen. Dies führt uns auch die Grenzen der üblichen liberalen Haltung gegenüber verschleierten Frauen deutlich vor Augen: Sie können sich verschleiern, wenn es ihre freie Entscheidung ist und es ihnen nicht von ihren Ehemännern oder Familien aufgezwungen wurde. In dem Moment jedoch, in dem Frauen aufgrund ihrer freien individuellen Wahl einen Schleier tragen, verändert sich die Bedeutung dieses Schleiers um geradezu 180 Grad: Er ist dann kein Zeichen ihrer unmittelbaren substantiellen Zugehörigkeit zur muslimischen Gemeinschaft mehr, sondern ein Ausdruck ihrer idiosynkratischen Individualität, ihrer spirituellen Suche und ihres Protests gegen die Vulgarität des heutigen sexuellen Umgangs, oder aber eine politische Geste des Protests gegen den Westen. Eine Wahl ist stets eine Meta-Wahl, nämlich die Wahl der Art und Weise, wie die Wahl selbst vollzogen wird: Es ist eine Sache, einen Schleier zu tragen, weil man unmittelbar in eine substantielle Tradition eingebunden ist; es ist eine andere, sich zu weigern, einen Schleier zu tragen; und es ist wiederum eine ganz andere Sache, einen Schleier nicht aus substantieller Zugehörigkeit, sondern als Akt einer ethisch-politischen Entscheidung zu tragen.

Aus diesem Grund befinden sich in unseren säkularen, von Wahlfreiheit geprägten Gesellschaften Menschen, die sich eine substantielle religiöse Zugehörigkeit bewahren, in einer unterlegenen Position: Auch wenn es ihnen freigestellt ist, an ihrem Glauben festzuhalten, wird dieser Glaube als ihre idiosynkratische persönliche Wahl/Meinung »toleriert«; in dem Augenblick, in dem sie ihn öffentlich als das präsentieren, was er für sie ist (eine Frage substantieller Zugehörigkeit), werden sie des »Fundamentalismus« bezichtigt. Dies bedeutet, dass das »Subjekt der freien Wahl« (im westlichen »toleranten« multikulturellen Sinn) nur aus einem extrem *gewaltsamen* Prozess hervorgehen kann, im Zuge dessen es aus seiner partikularen Lebenswelt herausgerissen, von seinen Wurzeln abgeschnitten wird.

Das westliche säkulare Recht befördert nicht nur andere Inhalte als religiöse Rechtskonstruktionen, es lebt auch von einem anderen formalen Modus, in dem sich die Subjekte zu den gesetzlichen Regelungen verhalten. Das übersehen jene, die die Kluft zwischen dem liberalen Universalismus und besonderen ethnischen Identitäten einfach auf eine Kluft zwischen zwei Partikularitäten reduzieren wollen, nach dem Motto: »Der liberale Universalismus ist eine Illusion, eine Maskierung seiner eigenen Partikularität, die er anderen als universell aufzwängt.« Denn universell ist der Universalismus einer westlichen liberalen Gesellschaft nicht deshalb, weil ihre Werte (Menschenrechte und weiteres) für *alle* Kulturen gelten, sondern er ist es in einem viel radikaleren Sinne: Im Universalismus verhalten sich die Individuen *zu sich selbst* als »universell«; sie haben direkt an der universellen Dimension teil, indem sie ihre eigene partikulare soziale Position übergehen. Das Problem mit besonderen Gesetzen für besondere ethnische oder religiöse Gruppen liegt darin, dass sich nicht alle Menschen als Mitglied einer besonderen ethnischen/religiösen Gemeinschaft verstehen. Neben Menschen, die einer bestimmten Gruppe zugehören, muss es also auch »universelle« Individuen geben, die allein zum staatlichen Gesetz gehören. Neben Äpfeln, Birnen und Trauben muss es auch einen Platz für Früchte als solche geben.

II. Ein Blick in die Archive des Islams

Diese Analyse, die sich auf unser aktuelles Dilemma konzentriert, sei um einen Blick in die Geschichte ergänzt: Was ist der Islam, dieser beunruhigende Exzess, der für den Westen den Osten und für den Osten den Westen darstellt? In seinem Buch *La psychanalyse à l'épreuve de l'Islam* begibt sich Fethi Benslama[18] auf eine systematische Suche nach dem »Archiv« des Islams, nach seinem obszönen geheimen mythischen Rückhalt, der – nach Lacan – *ne cesse pas de ne pas s'écrire* (nicht aufhört, sich nicht zu schreiben)[19] und als solcher das explizite Dogma stützt. Zählt beispielsweise die Geschichte Hagars nicht zum »Archiv« des Islams? Verhält sie sich zur ausdrücklichen Lehre des Islams nicht genauso wie die jüdische Geheimtradition von Moses zur ausdrücklichen Lehre der jüdischen Religion?

In seiner Diskussion von Freuds Moses trifft Eric Santner eine wichtige Unterscheidung zwischen der symbolischen Geschichte (der Gesamtheit expliziter mythischer Erzählungen und ideologisch-politischer Vorschriften, die die Tradition einer Gemeinschaft ausmachen und die Hegel als ihre »sittliche Substanz« bezeichnet) und ihrem obszönen Anderen, der nicht anerkannten »spektralen«, phantasmatischen geheimen Geschichte, die die explizite symbolische Tradition unterfüttert, gleichzeitig aber von ihr ausgeschlossen bleiben muss, um ihre Wirkung zu entfalten.[20] Was Freud in seinem Buch über Moses zu rekonstruieren versucht – unter anderem die Geschichte von Moses' Ermordung –, ist genau eine solche spektrale Geschichte, die den Raum der jüdischen religiösen Tradition heimsucht. Zum vollwertigen Mitglied einer Gemeinschaft wird man nicht einfach dadurch, dass man sich mit ihrer expliziten symbolischen Tradition identifiziert, sondern erst, wenn man zugleich die spektrale Dimension für sich annimmt, von der diese Tradition getragen wird – die untoten Geister, die unter den Lebenden spuken, die geheime Geschichte der traumatischen Phantasien, die zwischen den Zeilen vermittelt wird durch die Lücken und Verzerrungen der entfalteten symbolischen Tradition.

Das hartnäckige Festhalten des Judentums an der uneingestandenen gewalttätigen Gründungsgeste, die seine öffentliche Rechtsordnung als ihr geisterhafter Anhang heimsucht, ermöglichte es den Juden, Tausende von Jahren ohne eigenes Land und gemeinsame institutionelle Traditionen zu überleben und fortzubestehen: Sie weigerten sich, ihren Geist aufzugeben, die Verbindung zu ihrer geheimen, geleugneten Tradition zu kappen. Das Paradox des Judentums besteht darin, dass es die Treue zu seinem gewaltsamen Gründungsereignis gerade dadurch bewahrt, dass es dieses *nicht* gesteht, *nicht* symbolisiert. Dieser »verdrängte« Status des Ereignisses ist es, der dem Judentum zu seiner beispiellosen Vitalität verhilft.

Worin besteht nun das verdrängte Ereignis, das dem Islam seine Vitalität verschafft? Der Schlüssel zu dieser Frage liegt in der Antwort auf eine andere: Wie fügt sich der Islam in die Reihe der Buchreligionen ein?

Das Judentum ist die Religion der Genealogie, der Abfolge der Generationen; wenn im Christentum der Sohn am Kreuz stirbt, bedeutet dies zugleich, dass auch der Vater stirbt (wie Hegel vollkommen bewusst war) – die patriarchale genealogische Ordnung als solche stirbt, der Heilige Geist passt nicht in die Familienfolge, sondern begründet eine postpaternale/postfamiliale Gemeinschaft. Im Unterschied sowohl zum Judentum als auch zum Christentum, den beiden anderen Buchreligionen, schließt der Islam Gott aus dem Bereich der väterlichen Logik aus: Allah ist kein Vater, nicht einmal ein symbolischer – Gott ist eins; er ist weder geboren, noch bringt er Geschöpfe zur Welt. *Es gibt keinen Raum für eine Heilige Familie im Islam.* Deshalb betont der Islam den Umstand so stark, dass Mohammed selbst Waise war; deshalb greift Gott im Islam gerade in den Momenten der Aussetzung, des Entzugs, des Scheiterns, des »Blackouts« der väterlichen Funktion ein (wenn die Mutter oder das Kind vom biologischen Vater verlassen oder ignoriert werden).

Gott verbleibt somit voll und ganz im Bereich des Unmöglich-Realen: Er ist der unmöglich-reale außenstehende Vater, sodass es eine »genealogische Wüste zwischen Mensch und Gott gibt«.[21]

Hierin lag Freuds Problem mit dem Islam – baut doch seine ganze Religionstheorie auf der Parallele zwischen Gott und Vater auf. Wichtiger noch, an dieser Stelle schreibt sich die Politik unmittelbar in das Herz des Islams ein, da die »genealogische Wüste« es unmöglich macht, eine Gemeinschaft zu errichten, die den Strukturen der Elternschaft oder anderer Blutsbande folgt: »[D]ie Wüste zwischen Gott und Vater ist der Ort, an dem sich das Politische selbst instituiert.«[22] Mit dem Islam ist es nicht mehr möglich, eine Gemeinschaft nach der Art von *Totem und Tabu* zu begründen, durch die Ermordung des Vaters und die anschließende Schuld, die die Brüder zusammenbringt – daher rührt die unerwartete Aktualität des Islams.

Dieses Problem führt mitten ins Herz der berühmt-berüchtigten *Umma*, der »Gemeinschaft der Gläubigen«. Denn es ist ebenso für die Überschneidung des Religiösen mit dem Politischen verantwortlich (die Gemeinschaft soll unmittelbar in Gottes Wort begründet sein) wie für die Tatsache, dass der Islam in »Bestform« ist, wenn er die Bildung einer Gemeinschaft »aus dem Nichts« heraus, in der genealogischen Wüste, als egalitäre revolutionäre Brüderschaft begründet – es überrascht nicht, dass der Islam dort Erfolg hat, wo sich junge Männer des traditionellen familiären Sicherheitsnetzes beraubt sehen. Und vielleicht ist es dieser »Waisencharakter« des Islams, der seinen Mangel an einer ihm inhärenten Institutionalisierung erklärt:

> [D]as Besondere am Islam ist, dass sich diese Religion nicht institutionalisierte, sich nicht wie das Christentum eine Kirche gab. Die islamische Kirche ist faktisch der islamische Staat: Es ist der Staat, der die sogenannte »oberste religiöse Autorität« erfand, und es ist das Staatsoberhaupt, das den Träger dieses Amtes einsetzt; es ist der Staat, der die großen Moscheen errichtet und die religiöse Bildung beaufsichtigt; und es ist der Staat, der Universitäten gründet, auf allen Feldern der Kultur Zensur ausübt und sich selbst als Hüter der Moral versteht.[23]

Wir können auch hier wieder sehen, wie sich im Islam das Beste mit dem Schlimmsten verbindet: Gerade weil dem Islam ein eigenes Institutionalisierungsprinzip fehlte, war er so anfällig dafür, von einer Staatsmacht vereinnahmt zu werden, die die Arbeit der Institutionalisierung für ihn leistete. Damit ist der Islam vor die Wahl gestellt: Eine direkte »Politisierung« gehört zu seiner Natur – und diese Überschneidung des Religiösen mit dem Politischen kann entweder in Form seiner staatlichen Vereinnahmung oder in Form antistaatlicher Kollektive erfolgen.

Anders als das Judentum und der Islam, in denen das Sohnesopfer im letzten Augenblick abgewendet wird (ein Engel schreitet bei Abraham ein), *entscheidet sich allein das Christentum für die tatsächliche Opferung (Tötung) des Sohnes.*[24] Obwohl der Islam die Bibel als heiligen Text anerkennt, muss er diesen Umstand folglich bestreiten: Im Islam starb Jesus nicht wirklich am Kreuz: Die Juden »sprachen [prahlerisch]: ›Siehe, wir haben den Messias Jesus, den Sohn der Maria, den Gesandten Allahs, ermordet‹ – doch ermordeten sie ihn nicht und kreuzigten ihn nicht, sondern einen ihm Ähnlichen« (Sure 4, 157).

Im Islam herrscht effektiv eine opferungsfeindliche Logik: Bei Isaaks Opferung wird in der Version des Korans Abrahams Entscheidung, seinen Sohn zu töten, nicht als äußerstes Anzeichen seiner Bereitschaft gelesen, Allahs Willen zu gehorchen, sondern als Folge von Abrahams *falscher Deutung eines Traums*: Als der Engel die Tat verhindert, lautet seine Botschaft an Abraham, dass er sich geirrt habe, dass Allah diese Tat nicht wirklich verlangt habe.[25]

Insofern Gott im Islam ein Unmöglich-Reales ist, kann sich dies in Bezug auf das Opfern in beide Richtungen auswirken: Es kann dagegen stehen (es gibt keine symbolische Ökonomie des Austausches zwischen den Gläubigen und Gott; Gott ist das reine jenseitige Eine), es kann aber auch zugunsten des Opferns ausgelegt werden, und zwar dann, wenn sich das göttliche Reale in die Über-Ich-Figur jener »dunklen Götter« verwandelt, denen »zu opfern etwas ist, dem [...] nur wenige nicht erliegen«.[26] Der Islam scheint zwischen diesen beiden Extremen zu schwanken, wobei die obszöne Opferlogik in seiner Neubeschreibung der Geschichte von Kain und Abel kulminiert. So nämlich erzählt der Koran

> die Geschichte der beiden Söhne Adams der Wahrheit gemäß, als sie ein Opfer opferten. Angenommen ward es von dem einen von ihnen, und nicht angenommen von dem anderen. Er sprach: »Wahrlich, ich schlage dich tot!« (Der andere) sprach: »Siehe, Allah nimmt nur von den Gottesfürchtigen an.
>
> Wahrlich, streckst du auch deine Hand zu mir aus, um mich totzuschlagen, so strecke ich doch nicht meine Hand zu dir aus, um dich zu erschlagen; siehe, ich fürchte Allah, den Herrn der Welten.
>
> Siehe, ich will, dass du meine und deine Sünde trägst und ein Gefährte des Feuers wirst; denn dies ist der Lohn der Ungerechten.«
>
> Da trieb ihn seine Seele an, seinen Bruder zu erschlagen, und so erschlug er ihn und ward einer der Verlorenen. (Sure 5, 27–30)

Es ist also nicht nur Kain, der den Mord will – Abel selbst wirkt aktiv an diesem Wunsch mit und provoziert Kain zu der Tat, damit auch er, Abel, seiner Sünden ledig werde. Zu Recht erkennt Benslama hier Spuren eines »idealen Hasses«, der sich vom imaginären Hass der Aggressivität gegen den eigenen Doppelgänger unterscheidet:[27] Das Opfer selbst begehrt aktiv das Verbrechen, dem es zum Opfer fallen wird, sodass es, als Märtyrer, ins Paradies kommt, während der Täter in der Hölle schmort.

Aus heutiger Sicht ist man versucht, mit der anachronistischen Spekulation zu spielen, dass die »terroristische« Logik des Todeswunsches der Märtyrer bereits hier im Koran angelegt ist – obwohl man das Problem natürlich im Kontext der Modernisierung ansiedeln muss. Das Problem der islamischen Welt besteht bekanntlich darin, dass sie abrupt mit der westlichen Modernisierung konfrontiert wurde, ohne dass ihr die Zeit blieb, das Trauma dieses Zusammenpralls »durcharbeiten« und einen symbolisch-fiktionalen Raum/Schirm konstruieren zu können. Somit bestanden die einzigen möglichen Reaktionen darauf entweder in einer oberflächlichen Modernisierung – einer imitierten, zum Scheitern verurteilten Modernisierung wie im iranischen Schah-Regime – oder, angesichts des Fehlens eines geeigneten symbolischen Raums von Fiktionen, in einer direkten Zuflucht zum gewaltsamen Realen, einem offenen Krieg zwischen der islamischen Wahrheit und der westlichen Lüge, in dem kein Raum für symbolische Vermittlungen bleibt. In dieser »fundamentalistischen« Lösung (einem modernen Phänomen ohne unmittelbare Verbindungen zu muslimischen Traditionen) behauptet sich die göttliche Dimension in ihrem Über-Ich-Realen: als mörderische Explosion opfernder Gewalt, die die obszöne Über-Ich-Göttlichkeit befriedigen soll.

Ein weiterer zentraler Unterschied zwischen dem Judentum (mitsamt seiner christlichen Fortsetzung) und dem Islam besteht darin, dass das Judentum, wie wir an der Geschichte von Abrahams zwei Söhnen ablesen können, Abraham zum symbolischen Vater wählt, das heißt zur phallischen Lösung der väterlichen symbolischen Autorität macht – der offiziellen symbolischen Abstammungslinie –, während es die zweite Frau ausrangiert und eine »phallische Aneignung des Unmöglichen« inszeniert.[28] Der Islam hingegen entscheidet sich für die Abstammungslinie Hagars und für Abraham als den biologischen Vater; er wahrt damit den

Abstand zwischen Vater und Gott und erhält so Gott im Bereich des Unmöglichen.[29]

Sowohl das Judentum als auch der Islam verdrängen ihre Gründungsgesten – doch auf welche Weise? Die Geschichte Abrahams und seiner zwei Söhne von zwei verschiedenen Frauen zeigt, dass der Vater in beiden Religionen nur mittels einer *anderen* Frau Vater werden, seine väterliche Funktion übernehmen kann. Freud vermutete, die Verdrängung im Judentum gälte dem Umstand, dass Abraham ein Ausländer (Ägypter) gewesen sei und kein Jude – die begründende Vaterfigur, die die Offenbarung bringt und den Bund mit Gott schließt, muss von außerhalb kommen. Im Islam gilt die Verdrängung hingegen einer Frau: Hagar, der ägyptischen Sklavin, die Abraham seinen ersten Sohn gebar. Obwohl von Abraham und Ismael (dem Mythos zufolge der Stammvater aller Araber) im Koran Dutzende Male die Rede ist, bleibt Hagar unerwähnt, wird aus der offiziellen Geschichte gestrichen. Als Verschwiegene aber sucht sie den Islam nach wie vor heim; ihre Spuren erhalten sich in Ritualen wie etwa der Pflicht eines jeden Mekkapilgers, siebenmal zwischen den Hügeln Safa und Marwa hin- und herzulaufen, eine Art neurotische Wiederholung/Wiederaufführung von Hagars verzweifelter Suche nach Wasser für ihren Sohn in der Wüste.

Das Buch *Genesis* erzählt die Geschichte von Abrahams zwei Söhnen, dem entscheidenden Bindeglied zwischen Judentum und Islam, folgendermaßen, beginnend mit der Geburt Ismaels:

> Sarai, Abrams Frau, hatte ihm keine Kinder geboren. Sie hatte aber eine ägyptische Magd namens Hagar. Sarai sagte zu Abram: Der Herr hat mir Kinder versagt. Geh zu mei-

ner Magd! Vielleicht komme ich durch sie zu einem Sohn. Abram hörte auf sie. Sarai, Abrams Frau, nahm also die Ägypterin Hagar, ihre Magd – zehn Jahre, nachdem sich Abram in Kanaan niedergelassen hatte – und gab sie ihrem Mann Abram zur Frau.

Er ging zu Hagar, und sie wurde schwanger. Als sie merkte, dass sie schwanger war, verlor die Herrin bei ihr an Achtung. Da sagte Sarai zu Abram: Das Unrecht, das ich erfahre, komme auf dich. Ich habe dir meine Magd überlassen. Kaum merkt sie, dass sie schwanger ist, so verliere ich schon an Achtung bei ihr. Der Herr entscheide zwischen mir und dir. Abram entgegnete Sarai: Hier ist deine Magd; sie ist in deiner Hand. Tu mit ihr, was du willst.

Da behandelte Sarai sie so hart, dass ihr Hagar davonlief. Der Engel des Herrn fand Hagar an einer Quelle in der Wüste, an der Quelle auf dem Weg nach Schur. Er sprach: Hagar, Magd Sarais, woher kommst du und wohin gehst du? Sie antwortete: Ich bin meiner Herrin Sarai davongelaufen. Da sprach der Engel des Herrn zu ihr: Geh zurück zu deiner Herrin und ertrag ihre harte Behandlung! Der Engel des Herrn sprach zu ihr: Deine Nachkommen will ich so zahlreich machen, dass man sie nicht zählen kann. Weiter sprach der Engel des Herrn zu ihr: Du bist schwanger, du wirst einen Sohn gebären und ihn Ismael (Gott hört) nennen; denn der Herr hat auf dich gehört in deinem Leid. Er wird ein Mensch sein wie ein Wildesel. Seine Hand gegen alle, die Hände aller gegen ihn! Allen seinen Brüdern setzt er sich vors Gesicht.

Da nannte sie den Herrn, der zu ihr gesprochen hatte: El-Roï (Gott, der nach mir schaut). Sie sagte nämlich: Habe ich hier nicht nach dem geschaut, der nach mir schaut? Darum nannte sie den Brunnen Beer-Lahai-Roï

(Brunnen des Lebendigen, der nach mir schaut). Er liegt zwischen Kadesch und Bered.

Hagar gebar dem Abram einen Sohn, und Abram nannte den Sohn, den ihm Hagar gebar, Ismael.
(1. Mose 16, 1–15)

Nach der wunderbaren Geburt Isaaks, dessen unbefleckte Empfängnis auf Christus vorauszudeuten scheint (Gott »nahm sich Saras an« und ließ sie schwanger werden), bereitete Abraham, als das Kind alt genug war, um abgestillt zu werden, ein großes Festmahl:

Eines Tages beobachtete Sara, wie der Sohn, den die Ägypterin Hagar Abraham geboren hatte, umhertollte. Da sagte sie zu Abraham: Verstoß diese Magd und ihren Sohn! Denn der Sohn dieser Magd soll nicht zusammen mit meinem Sohn Isaak Erbe sein. Dieses Wort verdross Abraham sehr, denn es ging doch um seinen Sohn. Gott sprach aber zu Abraham: Sei wegen des Knaben und deiner Magd nicht verdrossen! Hör auf alles, was dir Sara sagt! Denn nach Isaak sollen deine Nachkommen benannt werden. Aber auch den Sohn der Magd will ich zu einem großen Volk machen, weil auch er dein Nachkomme ist.

Am Morgen stand Abraham auf, nahm Brot und einen Schlauch mit Wasser, übergab beides Hagar, legte es ihr auf die Schulter, übergab ihr das Kind und entließ sie. Sie zog fort und irrte in der Wüste von Beerscheba umher. Als das Wasser im Schlauch zu Ende war, warf sie das Kind unter einen Strauch, ging weg und setzte sich in der Nähe hin, etwa einen Bogenschuss weit entfernt; denn sie sagte: Ich kann nicht mit ansehen, wie das Kind stirbt. Sie saß in der Nähe und weinte laut. Gott hörte den Knaben schreien;

da rief der Engel Gottes vom Himmel her Hagar zu und sprach: Was hast du, Hagar? Fürchte dich nicht, Gott hat den Knaben dort schreien gehört, wo er liegt. Steh auf, nimm den Knaben und halt ihn fest an deiner Hand; denn zu einem großen Volk will ich ihn machen. Gott öffnete ihr die Augen und sie erblickte einen Brunnen. Sie ging hin, füllte den Schlauch mit Wasser und gab dem Knaben zu trinken. (1. Mose 21, 9–19)

Im *Galater-Brief* legt Paulus die christliche Version von Abraham, Sara und Hagar vor:

Ihr, die ihr euch dem Gesetz unterstellen wollt, habt ihr denn nicht gehört, was im Gesetz steht? In der Schrift wird gesagt, dass Abraham zwei Söhne hatte, einen von der Sklavin, den andern von der Freien. Der Sohn der Sklavin wurde auf natürliche Weise gezeugt, der Sohn der Freien aufgrund der Verheißung. Darin liegt ein tieferer Sinn: Diese Frauen bedeuten die beiden Testamente. Das eine Testament stammt vom Berg Sinai und bringt Sklaven zur Welt; das ist Hagar – denn Hagar ist Bezeichnung für den Berg Sinai in Arabien –, und ihr entspricht das gegenwärtige Jerusalem, das mit seinen Kindern in der Knechtschaft lebt. Das himmlische Jerusalem aber ist frei, und dieses Jerusalem ist unsere Mutter. Denn es steht in der Schrift: *Freu dich, du Unfruchtbare, die nie geboren hat, brich in Jubel aus und jauchze, die du nie in Wehen lagst! Denn viele Kinder hat die Einsame, mehr als die Vermählte.* Ihr aber, Brüder, seid Kinder der Verheißung wie Isaak. Doch wie damals der Sohn, der auf natürliche Weise gezeugt war, den verfolgte, der kraft des Geistes gezeugt war, so geschieht es auch jetzt. In der Schrift aber heißt es: *Ver-*

stoß die Sklavin und ihren Sohn! Denn nicht der Sohn der Sklavin soll Erbe sein, sondern der Sohn der Freien. Daraus folgt also, meine Brüder, dass wir nicht Kinder der Sklavin sind, sondern Kinder der Freien. (Gal 4, 21–31)

Paulus inszeniert hier eine klare symmetrische Konfrontation: Isaak gegen Ismael ist gleich der symbolische Vater (Name-des-Vaters) gegen den biologischen (ethnischen) Vater, »die Abstammung gemäß Name und Geist gegen die Abstammung aufgrund der substantiellen Weitergabe von Leben«,[30] das Kind der Freien gegen das Kind der Sklavin, das Kind des Geistes gegen das Kind des Fleisches.

Diese Lesart vereinfacht die biblische Erzählung jedoch in (mindestens) drei entscheidenden Punkten:

1. Gottes offensichtliche Fürsorge für Hagar und Ismael (seinen Eingriff, um Ismaels Leben zu retten);
2. die außergewöhnliche Charakterisierung Hagars als nicht einfach eine Frau des Fleisches und der Lust, eine wertlose Sklavin, sondern als diejenige, die Gott *sieht*: »Da nannte sie den Herrn, der zu ihr gesprochen hatte: El-Roï (Gott, der nach mir schaut). Sie sagte nämlich: Habe ich hier nicht nach dem geschaut, der nach mir schaut?« Hagar als ausgeschlossene zweite Frau, die außerhalb der symbolischen Genealogie steht, verkörpert nicht nur die heidnische (ägyptische) Fruchtbarkeit des Lebens, sondern auch den direkten Zugang zu Gott – sie sieht unmittelbar Gott selbst sie ansehen, was nicht einmal Moses gegeben war, dem Gott als brennender Busch erscheinen musste. Damit kündigt Hagar den mystischen/weiblichen Zugang zu Gott an, der später im Sufismus entwickelt wird.

3. der (nicht bloß erzähltechnische) Umstand, dass die Wahl (zwischen Fleisch und Geist) niemals direkt getroffen werden kann, als eine Entscheidung zwischen zwei gleichzeitigen Optionen. Damit Sara einen Sohn bekommen kann, muss Hagar erst ihren kriegen; das heißt, hier besteht eine Notwendigkeit der Abfolge, der Wiederholung, als ob wir, um den Geist wählen zu können, erst das Fleisch wählen müssten – allein der zweite Sohn kann der wahre Sohn des Geistes sein. Diese Notwendigkeit ist es, von der die symbolische Kastration handelt: »Kastration« bedeutet, dass der direkte Zugriff auf die Wahrheit unmöglich ist, oder wie Lacan es formulierte: *La vérité surgit de la méprise* (Aus dem Missgriff taucht die Wahrheit auf).[31] Der Weg zum Geist führt nur über das Fleisch und so weiter.

Erinnern wir uns an die Analyse der Schädellehre, mit der Hegel in seiner *Phänomenologie des Geistes* das Kapitel über die »Beobachtende Vernunft« beschließt. Er bedient sich dabei einer Metapher, die konkret den Phallus betrifft – das Organ der väterlichen Besamung –, um den Gegensatz zwischen den beiden möglichen Lesarten der Behauptung »Der Geist ist ein Knochen« zu erläutern. Hier steht die vulgärmaterialistische »reduktionistische« Lesart, der zufolge unsere Schädelform tatsächlich und unmittelbar die Züge des menschlichen Geistes determiniert, der spekulativen Lesart gegenüber, nach der der Geist stark genug ist, seine Einheit selbst mit dem leblosesten Stoff zu behaupten und diesen dadurch »aufzuheben«; das heißt, selbst der lebloseste Stoff kann der vermittelnden Kraft des Geistes nicht entgehen. Die vulgärmaterialistische Interpretation ist mit dem Ansatz vergleichbar, laut dem der Phallus nur das Organ zum

Urinieren sei, während die spekulative Interpretation zugleich die höhere Aufgabe erkennen kann, nämlich die der Besamung (das heißt, die Empfängnis im Sinne einer Grundidee [*conception*] ist als biologische Vorwegnahme des Begriffs [*concept*] zu verstehen):

> Das *Tiefe*, das der Geist von innen heraus, aber nur bis in sein *vorstellendes Bewußtsein* treibt und es in diesem stehenläßt, – und die *Unwissenheit* dieses Bewußtseins, was das ist, was es sagt, ist dieselbe Verknüpfung des Hohen und Niedrigen, welche an dem Lebendigen die Natur in der Verknüpfung des Organs seiner höchsten Vollendung, des Organs der Zeugung, und des Organs des Pissens naiv ausdrückt. – Das unendliche Urteil als unendliches wäre die Vollendung des sich selbst erfassenden Lebens; das in der Vorstellung bleibende Bewußtsein desselben aber verhält sich als Pissen.[32]

Wie ein *Close Reading*, also eine wiederholte minutiöse Lektüre dieser Passage deutlich macht, ist es gerade nicht Hegels Pointe, dass sich die richtige spekulative Einstellung – im Gegensatz zum vulgär empiristischen Geist, der nur das Pissen sieht – für die Besamung entscheiden muss. Das Paradox besteht vielmehr darin, dass die direkte Wahl der Besamung der unfehlbare Weg ist, um selbige zu verpassen: Es ist nicht möglich, sich direkt für die »wahre Bedeutung« zu entscheiden; man muss mit der »falschen« Wahl (dem Pissen) beginnen – die wahre spekulative Bedeutung tritt nur durch wiederholte Lektüre zutage, als Folgeerscheinung (oder Nebenprodukt) der ersten, »falschen« Lektüre ... und Sara kann ihr Kind erst bekommen, nachdem Hagar ihres hat.

Wo genau ist hier die Kastration? Bevor Hagar die Bühne betritt, bleibt Sara, die phallisch-patriarchalische Frau, unfruchtbar, gerade weil sie zu mächtig/phallisch ist. Der Gegensatz besteht also nicht einfach zwischen Sara, die ganz der patriarchalischen/phallischen Ordnung ergeben ist, und der unabhängigen und subversiven Hagar, sondern er ist in Sara selbst angelegt, in ihren zwei Zügen: dem der phallischen Arroganz und dem des mütterlichen Dienens. Sara selbst ist zu mächtig, zu herrisch; sie muss durch Hagar gedemütigt werden, um ein Kind zu bekommen und dadurch in die patriarchalische genealogische Ordnung einzutreten. Ihre Kastration wird in der Änderung ihres Namens von Sarai zu Sara angezeigt.

Wird jedoch nur Sara kastriert? Wird nicht auch Abraham kastriert? Mit Hagar kann er direkt-biologisch ein Kind zeugen, jedoch nur außerhalb der ordnungsgemäßen symbolischen Abstammungslinie. Dies wird erst durch das äußere Eingreifen Gottes möglich, der sich Saras »annimmt« – diese Lücke zwischen symbolischer und biologischer Vaterschaft *ist* eine Kastration.

Die im Islam erfolgte Wahl Hagars, der unabhängigen Frau, die Gott sieht, anstelle der fügsamen Hausfrau Sara gibt den ersten Hinweis darauf, wie ungenügend die landläufige Vorstellung vom Islam als einem extrem maskulinen Monotheismus ist – als einem Kollektiv von Brüdern, aus dem Frauen ausgeschlossen sind, die zudem verschleiert werden müssen, da ihre »Monstration«[33] als solche exzessiv ist, die Männer verstört/provoziert und von ihrem Dienst für Gott abhält.

Neben Hagar, der im Koran nicht erwähnten Urmutter aller Araber aus der Vorgeschichte des Islams, existiert noch die Geschichte Mohammeds und seiner ersten Frau Chadidscha als derjenigen, die ihm hilft, die Grenze zwischen Wahrheit und Lüge zu ziehen, zwischen den Botschaften der Engel und denen der Dämonen. Es gibt Fälle, in denen die göttlichen Botschaften, die Mohammed erhält, eigennützigen Phantasiegespinsten gefährlich nahe kommen. Die bekannteste von ihnen betrifft seine Heirat mit Zainab, der Frau seines Adoptivsohns Zaid. Nachdem er sie halbnackt gesehen hatte, begann Mohammed sie leidenschaftlich zu begehren; als Zaid darauf aufmerksam wurde, »verstieß« er sie pflichtbewusst (er schied sich von ihr), sodass sein Stiefvater anrücken und sie heiraten konnte. Unglücklicherweise war eine solche Verbindung nach traditionellem arabischem Recht verboten, aber – Überraschung! – Mohammed wurde rechtzeitig eine Offenbarung zuteil, in der Allah ihn von diesem Gesetz ausnahm (Sure 33, 37 u. 33, 50). Hier gibt es sogar ein Moment des Urvaters in Mohammed im Sinne einer Vaterfigur, der alle Frauen in ihrer ausgedehnten Familie gehören.

Ein gutes Argument für Mohammeds grundsätzliche Ehrlichkeit ist jedoch, dass er selbst der Erste war, der radikal an der göttlichen Natur seiner Visionen zweifelte und sie als halluzinatorische Zeichen des Wahns oder klare Fälle dämonischer Besessenheit abtat. Seine erste Offenbarung erlebte er, als er sich wie üblich im Ramadan auf den Berg Hira in der Nähe von Mekka zurückgezogen hatte. Da erschien ihm der Erzengel Gabriel und forderte ihn auf: »Trag vor!« (*Qarâ'* – daher *Qur'an*/Koran). Mohammed glaubte, er werde verrückt, und beschloss, da er nicht den Rest seines Lebens als Mekkas Dorftrottel zubringen und lieber sterben als in Schande leben wollte, sich von einem hohen Felsen zu stürzen. Dann aber wiederholte sich die Vision. Er hörte eine Stimme von oben, die sagte: »O Mohammed! Du bist der Gesandte Allahs, und ich bin Gabriel.« Aber selbst diese Stimme beruhigte ihn nicht, und so kehrte er langsam nach Hause zurück und sagte in tiefer Verzweiflung zu Chadidscha, seiner ersten Frau (und zugleich der ersten Person, die an ihn glaubte): »Bedecke mich, bedecke mich.« Sie wickelte ihn sogleich in ein Gewand, woraufhin Mohammed ihr erzählte, was ihm widerfahren war: »Ich fürchte um mein Leben.« Pflichtbewusst tröstete Chadidscha ihn.

Als Mohammeds Zweifel auch während seiner anschließenden Visionen vom Erzengel Gabriel anhielten, forderte Chadidscha ihn auf, ihr Bescheid zu sagen, sobald die Erscheinung wiederkäme, damit sie gemeinsam überprüfen könnten, ob es sich wirklich um den Erzengel Gabriel handelte oder um einen gewöhnlichen Dämon. Beim nächsten Erscheinen also sagte Mohammed zu Chadidscha: »Dies ist Gabriel, der gerade zu mir gekommen ist.«

»Dann steh auf und setze dich neben meinen linken Oberschenkel.«

Mohammed tat, wie ihm geheißen, woraufhin sie fragte: »Kannst du ihn sehen?«

»Ja.«

»Dann setze dich jetzt um, auf meinen rechten Oberschenkel.«

Er tat dies, und sie fragte: »Kannst du ihn sehen?«

Als er dies bejahte, forderte Chadidscha ihn auf, sich auf ihren Schoß zu setzen, und fragte ihn, nachdem sie ihren Schleier abgelegt und ihre Gestalt enthüllt hatte, erneut: »Kannst du ihn sehen?«

Mohammed antwortete: »Nein.«

Da ermutigte sie ihn: »Frohlocke und sei guten Mutes, er ist ein Engel und kein Satan.«

(Es gibt eine weitere Version der Geschichte, in der sich

Chadidscha beim letzten Test nicht nur zeigte, sondern Mohammed »unter ihr Unterhemd kommen«, sich also von ihm penetrieren ließ, woraufhin Gabriel verschwand und sie sagte: »Dies ist wahrlich ein Engel und kein Satan.« Die hier zugrundeliegende Annahme ist, dass ein lustvoller Dämon den Anblick der Kopulation genossen hätte, während sich ein Engel höflich zurückzieht.)

Erst nachdem Chadidscha Mohammed zu diesem Beweis für die Echtheit seiner Begegnung mit Gabriel verholfen hatte, war er von seinen Zweifeln geheilt und konnte seine Karriere als Sprecher Gottes beginnen.[34]

Mohammed erlebte seine Offenbarungen somit zunächst als Zeichen poetischer Halluzination – seine unmittelbare Reaktion auf sie lautete: »Keine der Kreaturen Allahs war mir verhasster als ein ekstatischer Dichter oder ein besessener Mann.« Diejenige, die ihn aus dieser unerträglichen Ungewissheit rettete, ebenso wie vor der Rolle des sozial ausgestoßenen Dorfidioten, und die außerdem als Erste an seine Botschaft glaubte und somit die erste Muslimin überhaupt war, war Chadidscha – *eine Frau*. In der obigen Szene ist sie der Lacan'sche »große Andere«, der die Wahrheit der Aussage des Subjekts garantiert. Erst durch diese zirkuläre Rückversicherung, erst durch jemanden, der an ihn glaubt, kann Mohammed an seine eigenen Botschaften glauben und dadurch den Gläubigen als Bote der Wahrheit dienen. Glaube ist niemals direkt: Damit ich glauben kann, muss erst jemand anderes an mich glauben, und woran ich glaube, ist der Glaube dieses anderen an mich. Man denke an die sprichwörtlichen zweifelnden Helden, Anführer oder sonstigen Autoritätsfiguren, die, obwohl sie verzweifelt sind, ihre Mission erfüllen, weil andere (ihre Anhänger) an sie glauben und sie die Aussicht nicht ertragen können, diese zu enttäuschen. Gibt es etwa einen stärkeren Druck als jenen, den wir verspüren, wenn uns ein unschuldiges Kind unverwandt in die Augen blickt und sagt: »Aber ich glaube an dich!«

Vor einigen Jahren warfen Feministinnen wie Mary Ann Doanne Lacan vor, er privilegiere das männliche Begehren: Nur Männer könnten völlig unmittelbar begehren, während Frauen nur begehrten zu begehren – sie könnten Begehren nur hysterisch imitieren. Was nun den Glauben betrifft, sollte man es genau andersherum sehen: Frauen glauben, während Männer nur an die glauben, die an sie glauben.[35] Das dem zugrundeliegende Thema ist das *objet petit a*: Der andere, der »an mich glaubt«, sieht mehr in mir als ich selbst – etwas, das mir gar nicht bewusst ist, das *objet a* in mir. Lacan zufolge ist die Frau für Männer auf ein *objet a* reduziert. Aber was, wenn es genau umgekehrt wäre? Wenn ein Mann das Objekt seines Begehrens begehrt, ohne sich der Ursache bewusst zu sein, die dieses Begehren in ihm ausgelöst hat, während eine Frau direkter auf die (Objekt-)Ursache des Begehrens fokussiert ist?

Diese Besonderheit sollte in ihrer ganzen Tragweite erfasst werden: Eine Frau besitzt ein Wissen über die Wahrheit, das sogar dem Wissen des Propheten vorausgeht! Was das Bild noch komplizierter macht, ist die Form von Chadidschas Eingriff: die Art und Weise, wie sie die Grenze zwischen Wahrheit und Lüge, zwischen göttlicher Offenbarung und dämonischer Besessenheit zu ziehen wusste: *indem sie sich selbst, ihren enthüllten Körper, als die verkörperte Unwahrheit anbot, dazwischenschaltete* – als Versuchung für einen wahren Engel. Die Frau als eine Lüge, die im günstigsten Fall weiß, dass sie eine verkörperte Lüge ist. Das ist das Gegenteil von Spinoza, bei dem die Wahrheit Prüfstein ihrer selbst und des Falschen ist; hier ist die Lüge Prüfstein ihrer selbst und der Wahrheit.

So gelingt Chadidschas Demonstration der Wahrheit durch ihre provozierende »Monstration« (Offenlegung, Enthüllung).[36] Man kann somit nicht einfach den »guten« Islam (Verehrung der Frau) dem »schlechten« Islam (verschleierte unterdrückte Frau) entgegensetzen. Es geht also nicht darum, schlichtweg zu den »verdrängten feministischen Ursprüngen« des Islams zurückzukehren und diese feministische Seite auf dem Wege einer solchen Rückkehr zu erneuern. Denn diese unterdrückten Ursprünge sind gleichzeitig die Ursprünge der Unterdrückung der Frauen. Die Unterdrückung unterdrückt nicht nur die Ursprünge, sie muss *ihre eigenen* Ursprünge unterdrücken. Das Schlüsselelement der Genealogie des Islams ist genau diese Passage von der Frau, die als Einzige die Wahrheit selbst beglaubigen kann, und der Frau, der es ihrer Natur gemäß an Vernunft und Glauben mangelt, die betrügt und lügt, die Männer provoziert, die sich selbst als einen beunruhigenden Makel zwischen ihnen und Gott positioniert – und die deshalb ausgelöscht, unsichtbar gemacht, kontrolliert werden muss, da ihr exzessives Genießen die Männer zu verschlingen droht.

Die Frau als solche ist ein ontologischer Skandal, ihre öffentliche Enthüllung ist ein Affront gegen Gott. Sie wird nicht einfach ausgelöscht, sondern wieder aufgenommen in einem streng kontrollierten Universum, dessen phantasmatische Grundlagen am deutlichsten im Mythos der ewigen Jungfrau zu erkennen sind: Die berühmt-berüchtigten Huris, die Jungfrauen, die die Märtyrer im Paradies erwarten, verlieren ihre Jungfräulichkeit nie – nach jeder Penetration wird ihr Hymen auf magische Weise wiederhergestellt. Die Phantasie ist hier die eines ungeteilten und ungestörten Reichs der phallischen *jouissance* (des phallischen Genießens), eines Universums, in dem alle Spuren der femininen *autre jouissance* (des femininen anderen Genießens) ausgelöscht sind.[37] Die tiefgründigste Antwort einer muslimischen Frau auf die Frage, warum sie freiwillig einen Schleier trage, lautet folglich »aus Scham vor Allah«, um Allah nicht zu beleidigen: Es gibt in der Enthüllung einer Frau eine erektile Schwellung, eine obszön zudringliche Qualität, und diese Kombination eines visuellen Eindringens mit einem enigmatischen Wissen ist explosiv – sie bringt das ontologische Gleichgewicht des Universums durcheinander.

Wie also sollen wir vor diesem Hintergrund administrative Maßnahmen wie die des französischen Staates lesen, die es jungen muslimischen Frauen verbietet, ihren Schleier in der Schule zu tragen? Ein doppeltes Paradox ist hier am Werk.

Erstens verbietet das Verbot etwas, das es zugleich als erektile enthüllende Zurschaustellung beschreibt, als ein zu-stark-um-zulässig-zu-sein-seiendes Zeichen der Identität einer Person, das den französischen Grundsatz der egalitären Staatsbürgerschaft irritiert – einen Schleier zu tragen ist aus dieser französisch-republikanischen Perspektive auch eine provozierende »Monstration«.

Das zweite Paradox besteht darin, dass *das, was dieses staatliche Verbot verbietet, das Verbot selbst ist,*[38] und vielleicht ist dieses Verbot das repressivste überhaupt. Warum? Weil es genau das Merkmal verbietet, das für die (sozio-institutionelle) Identität des anderen grundlegend ist: Es entinstitutionalisiert diese Identität und verwandelt sie in eine irrelevante persönliche Eigenart. Was diese Art des Verbietens von Verboten erzeugt, ist ein Raum des universellen Menschen, für den alle (ökonomischen, politischen, religiösen, kulturellen, sexuellen …) Unterschiede gleichgültig sind und somit eine Frage kontingenter symbolischer Praktiken.

In diesem Universum mit seinem Verbot des Verbots gibt es keine Schuld, doch wird diese Abwesenheit von Schuld mit einem unerträglichen Anstieg der Angst bezahlt. Das Verbot von Verboten ist eine Art »allgemeines Äquivalent« aller Verbote, ein universelles und dadurch universalisiertes Verbot, ein Verbot aller tatsächlichen Andersheit: Das Verbot des anderen zu verbieten gleicht dem Verbot seiner oder ihrer Andersheit.[39]

Hierin liegt das Paradox des toleranten multikulturellen Universums mit einer Vielfalt von Lebensstilen und anderen Identitäten: Je mehr Toleranz es gibt, desto stärker wird die repressive Homogenität. Martin Amis beschimpfte den Islam unlängst als langweiligste Religion überhaupt, die von ihren Gläubigen verlange, immer wieder dieselben bescheuerten Rituale auszuführen und dieselben heiligen Formeln auswendig zu lernen. Damit lag er total daneben: Es ist vielmehr die multikulturelle Toleranz und Permissivität, die für echte Langeweile sorgt.

Eine Frau besitzt also ein Wissen über die Wahrheit, das sogar dem Wissen des Propheten vorausgeht.

Wenn wir nun wieder zur Rolle der Frau in der Vorgeschichte des Islams zurückkehren, sollten wir auf Mohammeds Zeugung zu sprechen kommen, bei der wir erneut über ein geheimnisvolles Zwischen-zwei-Frauen stolpern.[40] Nachdem er auf seinem Land gearbeitet hatte, ging Abdallah, Mohammeds angehender Vater, zum Haus einer anderen Frau und wollte sich ihr nähern, sie aber wimmelte ihn ab, weil er verdreckt war, und vertröstete ihn auf später. Er verließ sie, wusch sich, kam wieder bei der Frau vorbei, wehrte sie aber diesmal seinerseits ab, ging zu Amina und schlief mit ihr – so empfing Amina Mohammed. Dann ging er zu der anderen Frau zurück und fragte sie, ob sie jetzt bereit sei. Sie erwiderte: »Nein. Als du gestern bei mir vorbeikamst, hattest du ein weißes Licht zwischen den Augen. Ich rief dir zu, und du wiesest mich zurück. Du gingst zu Amina, und sie nahm dir das Licht.«

Die offizielle Frau bekommt das Kind, die andere erlangt Wissen – sie sieht in Abdallah mehr als Abdallah selbst, das »Licht«, etwas, das er hat, ohne es zu wissen, etwas, das in ihm mehr ist als er selbst (das Sperma, um den Propheten zu zeugen), und es ist dieses *objet a*, das ihr Begehren auslöst. Abdallahs Position gleicht der des Protagonisten in einem Krimi, der plötzlich verfolgt, ja mit dem Tode bedroht wird – er weiß etwas, das einem einflussreichen Kriminellen gefährlich werden kann, er selbst (oder sie selbst – meistens ist es eine Frau) weiß aber nicht, worum es sich dabei handelt. In seinem Narzissmus verwechselt Abdallah dieses *objet a* in sich mit sich selbst (er verwechselt also das Objekt und die Ursache des weiblichen Begehrens) und kehrt deshalb später zu ihr zurück, in der irrigen Annahme, dass sie ihn immer noch begehre. Diese Abhängigkeit vom Weiblichen (und zumal von der ausländischen Frau) ist die verdrängte Grundlage des Islams, sein Ungedachtes, das, was er auszuschließen, auszulöschen oder doch wenigstens mit Hilfe seines komplexen ideologischen Gebäudes zu kontrollieren versucht – was ihn aber hartnäckig heimsucht, weil es eben gerade die Quelle seiner Vitalität darstellt.

Warum ist dann die Frau im Islam eine so traumatische Präsenz, ein solcher ontologischer Skandal, dass er verschleiert werden muss? Das wahre Problem ist nicht der Schrecken der schamlosen Enthüllung dessen, was unter dem Schleier ist, sondern die Natur des Schleiers selbst.

Man sollte diesen femininen Schleier mit Lacans Lektüre der Anekdote vom Wettstreit zwischen Zeuxis und Parrhasios zusammenbringen, zwei Malern aus dem antiken Griechenland, die darum wetteifern, wem die überzeugendere Illusion gelingt.[41] Zunächst malte Zeuxis so realistische Trauben, dass Vögel dazu verführt wurden, nach den Früchten auf dem Bild zu picken. Parrhasios aber gewann den Wettbewerb, indem er einen Vorhang auf die Wand seines Zimmers malte, sodass Zeuxis, als Parrhasios ihm sein Werk zeigte, diesen aufforderte: »Gut, und jetzt zieh den Vorhang beiseite und zeig mir, was du gemalt hast!« In Zeuxis Gemälde war die Illusion so überzeugend, dass das Bild für die Wirklichkeit gehalten wurde; in Parrhasios' Werk lag die Illusion bereits in der Annahme, dass das, was wir vor uns sehen, nur ein Schleier ist, der die verborgene Wahrheit verdeckt. So funktioniert für Lacan auch die Maskerade der Frau: Sie trägt eine Maske, damit wir wie Zeuxis vor Parrhasios' Bild reagieren: *Gut, und jetzt nimm die Maske ab und zeig uns, was du wirklich bist!* Entsprechend verhält es sich in Shakespeares Komödie *Wie es euch gefällt*, in der Orlando leidenschaftlich in Rosalinde verliebt ist, die sich, um seine Liebe auf die Probe zu stellen, als Ganymed verkleidet und so als männlicher Gefährte Orlando über seine Liebe befragt. Sie nimmt sogar die Persönlichkeit Rosalindes an (in einer doppelten Maskierung gibt sie vor, sie selbst zu sein, aber als Ganymed, der so tut, als sei er Rosalinde) und überzeugt ihre Freundin Celia (die sich als Aliena ausgibt), sie in einer Hochzeitszeremonie zu verheiraten. In dieser Zeremonie täuscht Rosalinde buchstäblich vor, das zu sein, was sie ist; die Wahrheit selbst muss, um zu gewinnen, in einer doppelten Täuschung *inszeniert* werden. Man kann sich gut vorstellen, wie sich Orlando nach der Hochzeit an Rosalinde-Ganymed wendet und zu ihr sagt: »Du hast Rosalinde so gut gespielt, dass ich fast geglaubt hätte, du wärst sie; jetzt aber kannst du dich wieder auf dich selbst besinnen und wieder Ganymed sein.«

Nicht zufällig sind es stets Frauen, die solche doppelten Maskeraden beherrschen: Während ein Mann nur vortäuschen kann, eine Frau zu sein, kann allein eine Frau vortäuschen, ein Mann zu sein, der vortäuscht, eine Frau zu sein, so wie nur eine Frau *vortäuschen kann, das zu sein, was sie ist* (eine Frau). Um diesen spezifisch weiblichen Status des Vortäuschens zu erklären, bezieht sich Lacan auf eine verschleierte Frau, die einen verborgenen falschen Penis trägt, um die Vorstellung zu erwecken, dass sie der Phallus ist:

> Eine solche Gelegenheit ist die Frau hinter ihrem Schleier: die Abwesenheit des Penis macht sie zum Phallus, zum Objekt des Begehrens. Evozieren Sie dieses Fehlen deutlicher, indem Sie sie einen hübschen Zopf unter einer Ballmaskierung tragen lassen, und ich glaube, Sie – oder eher: sie – werden uns Wunderdinge zu sagen wissen: Die Wirkung ist 100prozentig garantiert, wie man Männer ohne Umschweife sagen hören kann.[42]

Diese Logik ist komplexer, als es zunächst scheinen mag: Nicht nur evoziert der offensichtlich falsche Penis die Abwesenheit des »echten« Penis; in strikter Parallele zu Parrhasios' Gemälde besteht die erste Reaktion des Mannes, als er die Umrisse des falschen Penis sieht, darin zu sagen: »Nimm diese lächerliche Attrappe ab und zeig mir, was du darunter hast!« Dem Mann entgeht damit, dass die Penisattrappe das einzig Wahre ist: Der »Phallus«, der die Frau ist, ist der von dem falschen Penis geworfene Schatten, das heißt das Gespenst des inexistenten »echten« Phallus unter der Verkleidung des falschen.

In genau diesem Sinn hat die weibliche Maskerade die Struktur der Mimikry, da ich, nach Lacans Auffassung, in der Mimikry nicht das Bild imitiere, in das ich mich einfügen will, sondern jene Züge des Bildes, die darauf hinzudeuten scheinen, dass es eine verborgene Realität hinter dem Bild gibt. Wie im Falle von Parrhasios imitiere ich nicht die Trauben, sondern den Schleier: »Die Mimikry gibt insofern etwas zu sehen, als sie von dem, was man ein *es-selbst* nennen könnte, das dahinter wäre, sich unterscheidet.«[43] Der Status des Phallus selbst ist der der Mimikry. Der Phallus ist letzten Endes eine Art Makel am menschlichen Körper, ein überschüssiges, exzessives Merkmal, das nicht zum Körper passt und dadurch die Illusion hervorruft, hinter dem Bild läge eine verborgene Realität.

Damit sind wir wieder bei der Funktion des Schleiers im Islam: Was wäre, wenn der wahre Skandal, den dieser Schleier zu verbergen sucht, nicht der von ihm verborgene Körper ist, sondern die *Nichtexistenz* des Weiblichen? Wenn demzufolge die Funktion des Schleiers letztlich darin bestünde, die Illusion aufrechtzuerhalten, dass da etwas hinter dem Schleier *ist*, das substantielle Ding? Wenn wir, Nietzsches Gleichsetzung von Wahrheit und Weib folgend, den weiblichen Schleier in den Schleier übersetzen, der die Wahrheit verbirgt, dann wird der wahre Einsatz des muslimischen Schleiers noch deutlicher: Die Frau ist ein besonderer Genuss, weil sie für die »Unentscheidbarkeit« der Wahrheit steht, für eine Abfolge von Schleiern, hinter denen es letztlich kein Innerstes gibt; indem wir sie verschleiern, schaffen wir die Illusion, dass hinter dem Schleier die weibliche Wahrheit steckt – die entsetzliche Wahrheit der Lüge und der

Täuschung, versteht sich. Darin liegt der verborgene Skandal des Islams: Nur eine Frau, die Verkörperung der Ununterscheidbarkeit von Wahrheit und Lüge, kann Wahrheit garantieren. Aus diesem Grund muss sie verschleiert bleiben.

Dies führt uns zurück zum Thema Frau und Orient. Die eigentliche Wahl ist nicht die zwischen dem männlichen Islam des Nahen Ostens und der eher weiblichen Spiritualität des Fernen Ostens, sondern die zwischen der fernöstlichen Erhöhung einer Frau zur Muttergöttin – der zeugenden-und-zerstörerischen Substanz der Welt – und dem muslimischen Misstrauen gegen die Frau, das die traumatisch-subversiv-kreativ-explosive Macht der weiblichen Subjektivität auf negative Weise viel unmittelbarer zum Ausdruck bringt – so paradox dies auch ist.

Anmerkungen

1 Jacques-Alain Miller: »L'amour de la police«, Blogeintrag vom 13. 1. 2015, online unter http://www.lacan.com/actuality/?page_id=717 (Stand: 5. 2. 2015)

2 Friedrich Nietzsche: *Also sprach Zarathustra*, Kritische Studienausgabe, hg. von Giorgio Colli u. Mazzino Montinari. München, dtv 1980, Bd. 4, S. 20

3 Jane Perlez, Pir Zubair Shah: »Taliban Exploit Class Rifts in Pakistan«, Artikel in der *New York Times* vom 16. 4. 2009, online unter http://www.nytimes.com/2009/04/17/world/asia/17pstan.html?pagewanted=all&_r=0 (Stand: 12. 2. 2015)

4 Kevin McDonald: »Isis Jihadis Aren't Medieval – They Are Shaped by Modern Western Philosophy«, Artikel vom 9. 9. 2014, online unter: http://www.theguardian.com/commentisfree/2014/sep/09/isis-jihadi-shaped-by-modern-western-philosophy (Stand 5. 2. 2015)

5 Sayyid Qutb: *Milestones*, zitiert nach: http://unisetca.ipower.com/qutb/(Stand 5. 2. 2015)

6 Jean-Pierre Dupuy: *Economy and the Future*. East Lansing, Michigan State University Press 2014, S. 81

7 Talal Asad: »Free Speech, Blasphemy, and Secular Criticism«, in: Talal Asad, Wendy Brown, Judith Butler, Saba Mahmood: *Is Critique Secular? Blasphemy, Injury, and Free Speech*. Berkeley, University of California Press 2009, S. 20–63, hier S. 37

8 Asad, S. 40

9 Ebd.

10 Asad, S. 46

11 Asad, S. 31

12 Ebd.

13 Asad, S. 32

14 Asad, S. 43 f.

15 Asad, S. 44

16 Saba Mahmood: »Religions Reason and Secular Affect. An Incommensurable Divide?«, in: Asad u. a., S. 64–100, hier S. 77 f.
17 Sigmund Freud: *Zur Psychopathologie des Alltagslebens. Über Vergessen, Versprechen, Vergreifen, Aberglaube und Irrtum*. Frankfurt am Main, Fischer 2009, S. 67
18 Fethi Benslama: *La psychanalyse a l'épreuve de l'Islam*. Paris, Aubier 2002
19 Jacques Lacan: *Le seminaire, Livre XX: Encore*. Paris, Editions du Seuil 1975, S. 87
20 Vgl. Eric L. Santner: »Traumatic Revelations. Freud's Moses and the Origins of Anti-Semitism«, in: Renata Salecl (Hg.), *Sexuation*. Durham u. London, Duke University Press 2000, S. 57–105
21 Benslama, S. 320
22 Ebd.
23 Moustapha Safouan: *Why Are the Arabs Not Free. The Politics of Writing* (unveröffentlichtes Manuskript)
24 Vgl. Benslama, S. 268
25 Vgl. Benslama, S. 275
26 Jacques Lacan: *Die vier Grundbegriffe der Psychoanalyse*, übers. v. Norbert Haas. Weinheim u. Berlin, Quadriga 1987, S. 289
27 Vgl. Benslama, S. 289
28 Benslama, S. 153
29 Vgl. Benslama, S. 149. Man kann natürlich behaupten, dass bereits das 1. Buch Mose seine offizielle Ideologie implizit unterläuft, wenn Gott trotz allem eingreift, um Hagars Sohn zu retten, und ihm eine große Zukunft verheißt; die Genesis ergreift (auch) Partei für die andere Frau, die auf ein Werkzeug der Fortpflanzung reduziert worden ist.
30 Benslama, S. 147
31 Jacques Lacan: *Das Seminar. Buch I: Freuds technische Schriften*, übers. v. Werner Hamach. Weinheim, Quadriga 1990, S. 327
32 G. W. F. Hegel: *Phänomenologie des Geistes*. Frankfurt am Main, Suhrkamp 1986, S. 262

33 lat. *monstrare* – zeigen (Anm. d. Ü.)

34 Die einzige Gelegenheit, bei der ihm ein dämonischer Eingriff seine Visionen verdirbt, ist die berühmte Episode in Salman Rushdies Buch *Satanische Verse.*

35 Ich hatte einmal einen Traum – den üblichen widerlich selbstgefälligen Traum, mit einem bedeutenden Preis ausgezeichnet zu werden. Meine Reaktion *im Traum* war, dass dies nicht wahr sein könne, dass es nur ein Traum sei, und der Inhalt des Traums bestand in meinem (erfolgreichen) Bemühen, mich anhand einer Reihe von Anhaltspunkten davon zu überzeugen, dass es sich nicht nur um einen Traum, sondern um die Realität handelte. Die interpretative Aufgabe in diesem Fall lautet, herauszufinden, wer die im Traum verborgene Frau war; wer war meine Chadidscha?

36 Benslama, S. 207

37 Benslama, S. 255 f.

38 Benslama, S. 215

39 Vgl. Benslama, S. 216

40 Siehe zur Geschichte von Abdallah Maxime Rodinson: *Mohamed.* Aus d. Franz. übertr. v. Guido Meister, Luzern u. Frankfurt/M., Bucher 1975

41 Siehe Lacan, *Die vier Grundbegriffe der Psychoanalyse*, S. 109 u. 118 f.

42 Jacques Lacan: *Schriften II*, hg. von Norbert Haas, übers. von Chantal Creusot u. a. Weinheim u. Berlin, Quadriga 1991, S. 202

43 Lacan, *Die vier Grundbegriffe der Psychoanalyse*, S. 106